古寺を訪ねて

―仏像に魅せられて―

菅原信夫

SUGAHARA NOBUO

幻冬舎MC

古寺を訪ねて

仏像に魅せられて

はじめに

　この本は2015年から各地の寺社や仏像を巡った旅の記録です。奈良編、京都Ⅰ・Ⅱ編、関西編、鎌倉Ⅰ・Ⅱ編、番外編の７編で構成されています。神社は８社に限られますが、寺は50寺を超えています。初めは個人の思い出にと記録に残してきましたが、昨年古稀を迎え、それを記念して一冊の本にまとめて出版しようと思い立ちました。

　以前、地元伊勢原の浄発願寺を参拝した時、本尊阿弥陀三尊を前にして「右が日光菩薩で、左が月光菩薩ですか」と尋ねてしまいました。しかし住職は笑顔でやさしく諭してくれました。「いいえ、それは薬師さまです。阿弥陀さまは観音菩薩と勢至菩薩でございます」と。仏像について少しかじったばかりの私の失敗談です。多くのお寺を訪ね、多くの仏像を参拝した今は、まだ浅学ではありますが、以前と比べて少しは知識が広がっていると思います。

　なぜ、私は仏教や仏像に関心を持ったのか。思い返せば、そのきっかけは地元丹沢の昔の「行者道」を辿ったことにあると思います。行者は「山伏」とも呼ばれ、日本独自の宗教「修験道」の実践者で、自然の中で修行しながら宗教的な力の獲得を目指していました。丹沢に限りませんが、今の山道の多くは、行者が何百年もの間、踏み分けてきた行者道なのです。私は2012年から３年かけて丹沢の八菅山伏と日向山伏の行者道を踏破しました。

　修験道は日本古来の山岳宗教に仏教の密教などが結びついて平安末期に成立し、役小角（役行者）が祖とされています。密教はインドで起こり、日本には平安初期に空海と最澄によって体系化された密教が中国の唐から伝えられました。ご存じのように空海は真言宗の開祖、最澄は天台宗の開祖です。

　私の修験道への関心は自ずと仏教、仏像に向かいました。仏像は初め、山伏が本尊と崇めた不動明王に惹かれました。そして空海について学び、

私を神護寺や東寺、高野山へと導き、高野山の古い参詣道である町石道も歩きました。

　ここでお断りしておきます。山門をくぐる時は黙礼するし、仏像を前にもちろん手を合わせますが、私は仏教信者ではありません。したがって、仏像は古い歴史が刻まれた美術品として鑑賞しています。しかし、それが今でも多くの人の信仰の対象であることを決して忘れてはいません。また、たびたびの戦火や自然災害、明治初期の廃仏毀釈の嵐から護り伝えてきた人々がいます。今はその人々に敬意を表す意味でも仏像に向かって合掌するようになりました。

　この本を出版するに当たり、関連する寺社に写真掲載の許可をお願いしました。寺社によって対応はさまざまでしたが、ほとんどの寺社が快諾してくれました。
　掲載料は自費出版を配慮して免除してくださったり、少額にしていただきました。中には原稿に朱を入れ、資料を提供してくれたところもあります。お忙しい中、対応してくださった寺社の方々に、ここで改めて感謝の意を表します。
　〈お便り拝見いたしました。返事が遅くなり申し訳ございません。仏さまを参拝巡りされることが大変好きなことがよくわかります。仏さまを描くことは難しいんでしょうね。長い間の思いを、ゆっくりと実現させて下さい。お元気で〉
　奈良の円成寺からこんな温かいお便りをいただきました。有り難いことです。感謝いたします。

　ご存じの通り、ほとんどの仏像は写真撮影禁止です。カラーページの絵は私が描きました。仏像の絵はその品格を損なわないように描いたつもりです。多くは筆ペンでの描線に顔彩で彩色しました。色はあくまでも私のイメージです。

最後になりますが、この本はガイドブックを意図してはいません。したがって、拝観料は記載していません。交通機関は当時のもので再調査はしておりません。特にバス路線については新型コロナの影響で廃止になったり、便数が極端に減っていることもあるようです。また、飲食店に関しても料金は当時のもので、店舗によっては現在営業していなかったり、新型コロナのため閉店に追い込まれたところもあります。

　この本を参考にして計画を立てる際には、事前に最新の情報を確認してください。

　なお、拙著『続続 丹沢 山紀行』（白山書房，2023年）に、かつての山伏を偲ばせる「八菅神社例大祭」や「日向薬師例大祭」の見聞記、また、「高尾山修行体験記」や「高尾山八十八大師巡拝記」を収録しています。こちらも読んでいただければ有り難いです。

2023年初夏

菅原 信夫

古寺を訪ねて　目次

奈良編

室生寺　大野寺　聖林寺　法隆寺　中宮寺　法輪寺　法起寺　唐招提寺
薬師寺　円成寺　東大寺　興福寺国宝館　金峯山寺　如意輪寺

写真：室生寺五重塔

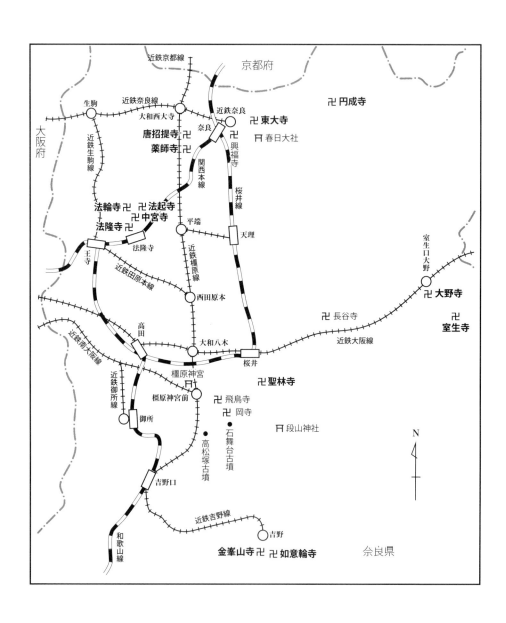

釈迦如来　平安時代　室生寺（P.15）

十一面観音菩薩　奈良時代　聖林寺（P.17）

盧舎那仏　奈良時代　唐招提寺（P.22）

千手観音菩薩　奈良時代　唐招提寺（P.22）

増長天　飛鳥時代　法隆寺（P.19）

大日如来　運慶作　平安時代　円成寺（P.27）

阿修羅　奈良時代　興福寺（P.31）

蔵王権現　安土桃山時代　金峯山寺（P.33）

古き仏を訪ねて

2015 年 10 月 13 日（火）～ 15 日（木）

10 月 13 日

　名古屋駅から近鉄線を乗り継ぎ室生口大野駅へ向かう。降り立った室生口大野駅は無人駅だった。駅前は閑散としていて喫茶店の「おいしい珈琲」の幟が寂しく感じる。駅前で「室生寺」行きのバスを待つ。

室生寺

　室生寺は杉木立に包まれた山寺である。朱色の欄干の太鼓橋で室生川を渡って「女人高野室生寺」と刻まれた石柱が立つ山門に出る。室生寺は女人禁制の高野山に対して女性の参拝が認められ「女人高野」と呼ばれていた。仁王門をくぐり、鎧坂を上れば弥勒堂、金堂（国宝）が建つ。石楠花の時季は終わり、紅葉にはまだ早い。

太鼓橋

鎧坂

　弥勒堂には釈迦如来（国宝）や弥勒菩薩が祀られている。金堂には釈迦如来（国宝）を中尊に薬師如来、地蔵菩薩、文殊菩薩、十一面観音菩薩（国宝）と平安時代の 5 体の仏像が安置され、その前に薬師如来の眷属・十二神将が並ぶ。十二神将は小さいが、5 体とは対照的に躍動感に溢れ、その存在感は引けを取らない。

　室生寺へ行くバスの中で、お遍路さんの格好をしたおばあちゃんが「ま

弥勒堂

金堂

た十二神将さんにお会いしに行くの」と私に言っていた。おばあちゃんは
これからお参りするのだろう。

　石段を上って「灌頂堂」（国宝）といわれる本堂に入って本尊如意輪観
音菩薩を拝み、さらに石段を上って五重塔へ。

　五重塔は平安時代初期の国宝で、高さは約16メートル。屋外に建つ五重
塔では最小のものという。塔の相
輪が珍しく、九輪の上には一般的
な火焔型の水煙の代わりに宝瓶
が掲げられている。室生寺は水の
神と深い関わりがあるらしく、寺
伝によればこの宝瓶に竜神が封じ
込められているという。

　奥の院へ向かう。杉木立の中、
まだ石段が続く。五木寛之著『百
寺巡礼 第一巻 奈良』（講談社文
庫，2005年）によれば、室生寺の
石段は仁王門から奥の院まで700
段あるらしい。奥の院には舞台造
りの位牌堂と御影堂が建つ。御影
堂には非公開の弘法大師像が祀ら
れている。

五重塔

石段は奥の院へ続く

　700段の石段を下って室生寺門

前に戻り、「室生口大野駅」行きのバスを待つ。

バスを「大野寺」で下車し大野寺に立ち寄る。

大野寺

大野寺は室生寺西の大門で、宇陀川を挟んだ対岸の岩壁に線刻された弥勒磨崖仏で知られる。この磨崖仏は高さ11.5メートルで鎌倉時代初期のものという。境内には磨崖仏が見通せるようにお堂が建てられている。

弥勒磨崖仏

弥勒磨崖仏を拝む

室生口大野駅から近鉄線で桜井駅に移動し、バスで聖林寺に向かう。聖林寺にはお目当ての十一面観音菩薩がある。
「聖林寺前」に降り立てば田園風景が広がり、高台に建つ聖林寺は閑静な佇まいの山寺である。

聖林寺

山門から三輪山が望まれる。三輪山には、ＪＲ東海のキャッチフレーズ「人は山に神を想う。山は人と神を結ぶ。」*で知られる大神神社がある。このフレーズは心に残っていて、いつか大神神社を訪ねてみたいと強く思う。

＊ＪＲ東海キャンペーン『うましうるわし奈良「大神神社編（2015年）」』より引用

拝観受付の女性は気怠そうにしている。体調でも悪いのだろうか。国宝

山門

三輪山を望む

本堂

観音堂への回廊

　を預かる寺は気苦労が絶えないと聞くが、一日にここに訪れる人もほんの数人だろう。

　本堂には本尊子安延命地蔵菩薩をはじめ、不動明王、毘沙門天、阿弥陀如来、聖観音菩薩など８体の仏像が並び、十六羅漢屏風が立つ。本尊子安延命地蔵菩薩は大和最大の石地蔵という。

　回廊の階段を上がって十一面観音菩薩（国宝）の観音堂に向かう。対面の瞬間を迎え胸が高鳴る。

　それは堂の中でひっそりと佇んでいた。私は息を呑んだ。目を細めたやさしい面差しに惹きつけられた。

　『ぶつぞう入門』（文春文庫，2005年）の著者柴門ふみは十一面観音菩薩を〈抑揚のある衣や柔らかい手の表現に、乾漆の持味が生かされている。優雅さと風格を兼ね備えた、天平時代後期を代表する像のひとつ〉と評する。

　観音堂は林に囲まれ、草むらでリーンリーンと鈴虫が鳴く。私一人、静かである。夏の蟬時雨は喧騒であるが、秋の虫の音は静寂さをさらに増してくれる。十一面観音菩薩の前に正座し、しばし時を忘れる。

桜井駅へ戻るバスを待つ間、拝観受付の女性の印象が変わっている自分に気づく。気怠さではなく、十一面観音菩薩の里に培われた一つの優雅さなのかもしれないと。

　今晩の宿は法隆寺門前にある。桜井駅から大和八木駅、平端駅と乗り換え、筒井駅で下車。「王寺駅」行きのバスで「法隆寺前」に向かう。渋滞に巻き込まれ、「法隆寺前」に着いた時はとっぷりと日が暮れていた。

　今日一日で何体もの仏像を拝んだが、特に心に強く残ったものは何だろう。一つはもちろん聖林寺十一面観音菩薩。もう一つ挙げれば室生寺金堂の仏像群であろう。どの仏像かではなく、平安初期の古いお堂の中に木造の５体が祀られ、その前に十二神将が並ぶ。この全体が醸し出す歴史の風格を感じ入ったのだろう。

10 月 14 日
　聖徳太子ゆかりの地、斑鳩の里をレンタサイクルで法隆寺から中宮寺、さらに田園の法輪寺、法起寺と巡る。

法隆寺

　金堂、五重塔などが建ち並ぶ「西院」、夢殿がある「東院」とに分かれている。西院伽藍は８世紀初めに再建されたというが、それでも世界最古の木造建造物である。
　南大門（国宝）に駐輪し、開門して大分時間が経つのに閑散とした西院に入る。飛鳥時代の中門（国宝）は閉ざされ、今は出入口として使われていない。中門の左右に立つ日本最古の仁王像は必見である。
　拝観入口から中に入れば右に金堂、左に五重塔、奥に大講堂が建つ。回廊がそれらを取り囲むように中門から始まり大講堂で終わっている。金堂、五重塔、大講堂、そして回廊も国宝である。
　木造としては世界最古の五重塔には初層内陣の四方に塔本四面具（国宝）と呼ばれる塑像群が安置されている。やはり北面の釈迦入滅の場を表現した涅槃像土は圧巻であった。弟子たちの慟哭が聞こえてくるようだ。

修学旅行生の団体が入ってきた。急いで大講堂に入る。まだ大講堂は静かである。案内の人に促され後ろをふり返る。青空の下、金堂、五重塔が並び、近代的な建物はなく、これは平安の昔そのままの風景であるという。

大講堂には薬師三尊（薬師如来と脇侍日光菩薩・月光菩薩の三像）（国宝）を中心にして周りに四天王が並ぶ。エンタシスの柱の西回廊を端まで歩く。柱の木肌に触れ、木の温もりを感じる。

金堂には釈迦三尊（釈迦如来と脇侍文殊菩薩・普賢菩薩の三像）（国宝）を中尊にして薬師如来（国宝）、阿弥陀如来が並び、周りを四天王（国宝）が取り囲む。日本最古の四天王に忿怒の表情はなく邪鬼の上に静かに立つ。四天王に多聞天が欠けているが、案内の人の話では先日、九州の博物館に発たれたという。

静寂も束の間であった。修学旅行の団体はさらに増え、大講堂拝観のため西回廊に、また涅槃群像の五重塔北面にも行列ができ、中門前には待機する団体が座っている。次の大宝蔵院に向かうため東の回廊を抜けて外へ出る。

大宝蔵院（百済観音堂）は寺宝の大半が収蔵され博物館のようである。主だったものを挙げると、観音菩薩像（夢違観音）（国宝）、吉祥天像、玉虫厨子（国宝）、観音菩薩像（百済観音）（国宝）、伝橘夫人念持仏・阿弥陀三尊（阿弥陀如来と脇侍観音菩薩・勢至菩薩の三像）（国宝）。

東大門を抜け、東院に向かう。

夢殿（国宝）は聖徳太子が飛鳥から移り住んだ斑鳩宮跡に建てられた奈良時代の八角円堂。鎌倉時代に大修理が行われ、屋根の形状は鎌倉時代のものという。

太子の等身像と伝えられる救世観音（国宝）は、春秋の一定期間しか開扉されない秘仏である。

夢殿を出、東院鐘楼（国宝）を見て、法隆寺に隣接した中宮寺に向かう。

中宮寺
_{ちゅうぐうじ}

　聖徳太子が建立したとされる日
本最古の尼寺。本堂の白壁に池の
波紋が淡くゆらゆらと映り美しい。

　本尊菩薩半跏像（伝如意輪観
音）（国宝）のアルカイックスマ
イル（古典的微笑）を拝ませてい
ただく。飛鳥時代の仏像の微笑

中宮寺本堂

は、中国の六朝時代の技法が伝わったもので、仏の慈悲を表し、ギリシャ
の影響はないという。太子の菩提を弔うために刺繍した天寿国曼荼羅繍
帳も複製ではあるが展示されている。

　法隆寺南大門に戻り、自転車で法輪寺、法起寺に向かう。晴天に恵まれ
絶好のサイクリング日和である。法隆寺五重塔、法輪寺三重塔、法起寺三
重塔は「斑鳩三塔」といわれる。

法輪寺
_{ほうりんじ}

　7世紀前半、聖徳太子の病気平癒を祈願して子の山背大兄王が創建し
たと伝わるが、詳細は不明である。ここまで来れば参拝者はまばらである。
表門を入れば、左に三重塔、右に金堂、正面に講堂が建つ。

三重塔

金堂

法輪寺から自転車で10分ほど東へ行けば法起寺である。

法起寺
<ruby>法<rt>ほう</rt></ruby><ruby>起<rt>き</rt></ruby><ruby>寺<rt>じ</rt></ruby>

　7世紀前半、聖徳太子の遺志により山背大兄王が尼寺として創建したと伝わる。西門を入って左に聖天堂、正面に三重塔が建つ。三重塔は国宝で日本最古という。聖天堂を左に折れれば講堂、収蔵庫がある。収蔵庫には数体の仏像が安置され、ガラス越しに十一面観音菩薩を拝む。

　法起寺の周囲はコスモスが咲き乱れ、斑鳩ののどかな雰囲気が漂っている。

　法隆寺へ戻って自転車を返し、「法隆寺前」よりバスに乗って斑鳩の里を後にする。近鉄筒井駅より西ノ京駅へ移り、徒歩で唐招提寺に向かう。

唐招提寺
<ruby>唐<rt>とう</rt></ruby><ruby>招<rt>しょう</rt></ruby><ruby>提<rt>だい</rt></ruby><ruby>寺<rt>じ</rt></ruby>

　唐招提寺はあの鑑真の寺である。奈良時代、戒律を伝えるため唐の僧鑑真によって創建された。「戒」とは仏教徒としての個人が守るべき道徳的な戒めで、「律」とは出家者が守るべき生活上の規定である。

　当時はもちろん、海を渡ることは命がけであった。鑑真はたびたびの失敗を繰り返し、12年の歳月をかけてようやく日本に来たという。66歳。鑑真は老齢であった。この鑑真の情熱と使命感はいったい何だろう。凡人の私の想像を超えている。

　南大門を入れば正面に金堂が建ち、白い玉砂利に木立の影が広がる。この明暗のコントラストが美しく、人が少ない境内には静かな時が流れている。

　金堂は奈良時代の建立で、現存する天平建築の金堂としては唯一のもので国宝である。前面に8本の円柱が並び、金堂の威容を演出している。〈わが古寺の円柱は云うまでもなく木造であ

金堂

るから、光りを反射することは少ない。むしろ光りを吸収して、柔くその木目のあいだに湛えると云った方がいいようだ〉。引用の引用であるが、亀井勝一郎著『大和古寺風物誌』（新潮社，1953年）に載る唐招提寺についての文章の一節である。

　金堂の須弥壇には3〜5メートル級の三尊、盧舎那仏、千手観音菩薩、薬師如来が梵天と帝釈天を従えて立ち、周りを四天王が護る。これらはすべて国宝である。中でも盧舎那仏、千手観音の重量感は圧巻で、それに圧倒されて三尊の中で一番小柄な薬師如来は目立たない。

　講堂には弥勒如来、四天王持国天と増長天が祀られている。鑑真はこの地に唐招提寺を建立する際、仏を祀る金堂よりも僧侶が仏の道を学ぶための講堂を優先して建てよ、と命じたという。

　講堂を出て校倉造りの経蔵・宝蔵（国宝）、礼堂・東室を見て、開山堂を拝観。国宝鑑真坐像は御影堂の厨子に安置され、毎年数日しか開扉されないため、開山堂には「身代わり像」が祀られている。

講堂

経蔵・宝蔵

御廟へ続く土塀の道

鑑真和上御廟

開山堂から御影堂、地蔵堂を見送り、土塀が続く小道を鑑真和上御廟に向かう。御廟は東の外れにある。鑑真は戒律を伝えることに尽力して76歳で亡くなった。御廟には死者を弔う宝篋印塔が置かれ、灯籠には火が灯っていた。

戒壇

　少し戻って新宝蔵に立ち寄る。ここには大日如来、薬師如来など仏像だけでも11体展示され、平成の金堂解体修理の時に新しいものに取り換えられた鴟尾（仏殿の棟木の両端につけた飾り）も展示されている。

　最後に西の外れにある戒壇まで足を伸ばす。戒壇は僧侶の資格を授ける場所である。

　唐招提寺を後にし、西ノ京駅へ戻るように薬師寺に向かい、北口から入る。

薬師寺

　奈良時代に創建されるも、後世、火災や兵火に遭い，東塔以外はすべて焼失した。昭和に金堂・西塔・中門、平成に大講堂が復元された。

　〈金堂の正面に立つと、左手に色鮮やかな西塔、右手に古びて貫禄のある東塔が見える。……新しさと古めかしさ。それが奇妙に調和していて、なんともいえず魅力的だ〉

　奈良に来る前に五木寛之著『百寺巡礼　第一巻　奈良』を読んで、この光

金堂と西塔。東塔は解体修理中

西塔と西回廊

景を楽しみにしていたのだが残念である。国宝の東塔は縦縞模様の巨大な建物に覆われ、解体修理中であった。

　拝観受付で「東塔水煙特別展」があると言われた。閉門まで時間がないので一般券にしたのだが、このことだったのだ。「水煙」とは相輪上部の火焔型の装飾で、音楽を奏でる飛天が透かし彫りで表現されているという。

　金堂、大講堂の順に巡る。

　金堂には本尊・薬師三尊が祀られ、大講堂には弥勒如来と4体の菩薩が安置され、それを四天王が取り囲んでいる。

　大講堂の後堂には仏足石(国宝)が安置され、その両側に釈迦十大弟子が並んでいる。この仏足石は

金堂

インドの仏足跡図を基に奈良時代に造られたことが銘に刻まれているという。

　仏像は釈迦入滅後も400〜500年間は造られず、インドではこの間、人びとは釈迦の遺骨を納めた仏塔や、足の踏跡を図にした仏足跡図などを礼拝していた。

　東回廊の外に出て、東院堂(国宝)に立ち寄る。ここには聖観音菩薩(国宝)、四天王が祀られていたが、聖観音には「御分身」とあった。

　参拝を終え、東院堂を出ると慌ただしく片付けが始まっていた。閉門が迫っている。

　中門からふり返れば金堂も閉門の準備をしている。扉の奥の薬師三尊に遠くから手を合わせる。ゴーンと鐘が一つ鳴り、閉門時間が来た。金堂の

中門より金堂を拝む

中門・二天王吽形

中門・二天王阿形

扉がいっせいに閉められた。こんな光景はめったに見られるものではない。夕暮れ間近、涼しい風が吹き、私の心は清々しさ(すがすが)に満たされた。

　今晩の宿は西ノ京駅から遠かった。日が暮れた暗い道を宿に向かった。

　一日でたくさんの仏像を拝見したせいか、正直言って印象に残っているものは少ない。しかし、感銘を受けたものを二つ挙げる。

　まず唐招提寺金堂の仏像群である。中でも際立つのは盧舎那仏と千手観音菩薩。盧舎那仏は千仏をあしらった光背(こうはい)を広げ、千手観音は無数の手を張り出す。地味だが荘厳(そうごん)な金堂がそれらを引き立たせ、ともにどっしりとした重量感がある。また、古い仏ゆえ、まだらに残るくすんだ金箔が重厚さを増している。

　五木寛之は『百寺巡礼　第一巻　奈良』で、薬師寺の東塔を引き合いにしてこう語っている。〈私たちはお寺の伽藍や仏像のように古いものを見るとき、その〈古さ〉を愛でる(め)傾向がある。むしろ、その〈古さ〉に価値を見出そうとする。その反面、それがつくられた当時の華やかな面影や、ある種のけばけばしさを想像することは少ない〉そして〈いまの私たちが、色あせて古びたものをいいと感じるのはかまわない。ただし、それは東塔に対する本当の評価ではない。本来は、あの東塔がつくられた当初のすがたや色彩から、その時代の人びとの感性を考えるべきだろう〉と。

　五木寛之が提起することはそれはそれでよく分かる。しかし、私はどうしても派手な金箔の仏像より古びて金箔が剥げた(は)仏像に有り難さを感じてしまう。

　もう一つは法隆寺四天王である。今日は唐招提寺や薬師寺の四天王も拝観したし、明日は東大寺戒壇院の四天王も楽しみにしている。四天王といえば甲冑(かっちゅう)をまとい、仏法を護る武神で、邪鬼を踏みつけ荒々しい。が、この法隆寺の日本最古の四天王は静かで怖くない。邪鬼も写実的ではなくどこか素朴である。こんな四天王は初めて見た。

　かつて朝日新聞土曜版に連載された「奈良には　古き仏たち」の筆者の一人、岸根一正は法隆寺金堂の四天王についてこう書く。〈日本最古の四天王は物静かである。目をひんむいたり眉間(みけん)をしかめたりしないで、ひたすら直立する。とても外敵を懲らし追っ払う戦闘態勢の武神には見えな

い〉。ただ、ベルリンの博物館で明治中期に模刻された増長天を見て、〈私は自分の美意識の低さにすっかり意気消沈した。…… 怖くない姿は宮廷儀仗兵や衛兵に見えてきた。平時の護法神としてはこの方がふさわしいとも思える〉と結んでいる。

10月15日

　今日は奈良の旅最終日である。西ノ京駅から近鉄奈良駅に出て、バスで柳生街道を円成寺へ向かう。

円成寺

　バスに揺られて35分、「忍辱山」は田舎である。円成寺の『縁起』によれば奈良時代の開創と伝えられるが、史実的には平安中期に十一面観音を祀ったのが始まりとされる。

　山門を入れば浄土式庭園が広がる。木々は紅葉し始めている。今は閉じた檜皮葺の楼門を見て、拝観入口から境内に入る。大日如来を祀った多宝塔が目に入るが、参拝者が数人いたので先に護摩堂を参拝する。

庭園を見て多宝塔へ向かう

楼門

　今回の奈良でぜひとも拝見したかった仏像が３体あった。聖林寺十一面観音と東大寺戒壇院四天王、そしてここの大日如来である。

　『ぶつぞう入門』の著者柴門ふみは「我が心のベストテン」としてこれらの仏像をベストスリーに挙げている。第一位は円成寺大日如来、第二位は聖林寺十一面観音、第三位が東大寺戒壇院四天王広目天である。

人がいなくなったのを見計らっ<ruby>見<rt>み</rt>計<rt>はか</rt></ruby>て多宝塔に行く。ガラス越しに大日如来（国宝）に合掌。ガラスが光を反射して見にくいので顔を近づけ、息でガラスが白く曇るほど食い入るように大日如来をしばらく見つめていた。

　この大日如来は<ruby>運慶<rt>うんけい</rt></ruby>のデビュー作とされる。みずみずしく<ruby>溌剌<rt>はつらつ</rt></ruby>とした青年のようでもあるが、きりっとした<ruby>眼差<rt>まなざ</rt></ruby>しにどこか<ruby>憂<rt>うれ</rt></ruby>いを感じるのは私だけであろうか。

　本堂に入る。本堂は阿弥陀堂ともいい、本尊阿弥陀如来が祀られている。本尊の周りに四天王、

多宝塔

背後に薬師如来、<ruby>虚空蔵<rt>こくうぞう</rt></ruby><ruby>菩薩<rt>ぼさつ</rt></ruby>、釈迦如来などが安置され、内陣の柱には「<ruby>聖<rt>しょう</rt>衆<rt>じょう</rt>来<rt>らい</rt>迎<rt>ごう</rt></ruby>図<rt>ず</rt>」といって阿弥陀如来に随行して<ruby>来迎<rt>らいごう</rt></ruby>する二十五菩薩の像が描かれている。

　本堂を拝観している時、<ruby>作務衣<rt>さむえ</rt></ruby>を着たお坊さんが床を丁寧に雑巾がけしていて「よくお参りに来てくださいました」と挨拶してくれた。そういえば法隆寺も南大門の掃き掃除をしていた。お寺の朝は人が少なく静かで、こんな光景も見られる。寺社を参拝するなら開門直後か、また、昨日の薬師寺のように閉門直前がいい。

本堂

春日堂・白山堂

春日堂・白山堂（国宝）、宇賀神本殿、鐘楼と順に巡り、まだここにいたいがバスの時刻が迫ってきたので、再び大日如来を拝み、またいつか来よう、と決め、円成寺を後にする。

「奈良駅」行きのバスに乗り、途中「今小路」で下車して東大寺に向かう。

東大寺

創建は奈良時代中頃。聖武天皇の勅願によって大仏が造営され、全国に置かれた国分寺の総本山として建立された。が、中世、兵火などで多くの伽藍を焼失し、今の大仏殿は江戸時代に再建されたものである。

まず北門より戒壇院に入る。戒壇院は鑑真来朝を機に建立され、当時は多くの伽藍を有していたが、すべて火災によって焼失。今の戒壇堂も江戸時代に建てられたものである。

戒壇院北門

戒壇院山門

戒壇堂の中尊は釈迦如来と多宝如来、ともに多宝塔に祀られている。そして持国天、増長天、広目天、多聞天の四天王が忿怒の形相で邪鬼を踏みつけて多宝塔を護り固める。

邪鬼が踏みつけられるのは、四天王が邪鬼の邪悪な部分を押さえつけているため、あるいは邪鬼が煩悩を抱えているから、など諸説あるらしい。

邪鬼はどこかほほえましいが、四天王に踏み潰されて歪んだ顔を見ると、そんなに強く踏みつけなくても、と同情してしまう。

戒壇院を出て、静かな裏参道を法華堂（国宝）に向かう。法華堂は三月堂ともいわれ、東大寺最古の奈良時代建造物という。二月堂（国宝）や法華堂まで来れば修学旅行生の団体をはじめ、大勢の観光客で賑わうが、法

戒壇院戒壇堂

法華堂

華堂に参拝する人は少なく、堂内は静かである。

　堂内には本尊不空羂索観音菩薩が梵天、帝釈天を従えて立ち、金剛力士、四天王がその周りを固めている。これらはすべて奈良時代の国宝である。

　金剛力士は二つの王の意で仁王と呼ばれ、山門では右に阿形、左に吽

八角燈籠

八角燈籠・音声菩薩

大仏殿

奈良大仏・盧舎那仏

形が配置されるが、ここは左右が逆になっている。なぜだろう。

　厨子の中の執金剛神は年一回しか開扉されない秘仏で、奈良時代の仏像としては異例なほど金箔や彩色が残る貴重な仏像という。

　金堂大仏殿（国宝）は団体入口が入場規制され、修学旅行生の団体が長い列を成し、大仏殿に入れば人で混雑している。

　大仏殿の真正面にある八角燈籠は国宝で優美な天平模様を施し、楽器を奏でる音声菩薩が浮き彫りにされている。

　大仏殿内には奈良大仏といわれる本尊盧舎那仏が、右に虚空蔵菩薩、左に如意輪観音を従え坐っている。四天王が４体揃っていない。尋ねてみれば、広目天・多聞天は江戸時代に復興されたが、持国天・増長天は財政難で未完成に終わり、頭部のみが大仏殿内に保管されているという。今後造像する計画はあるかと尋ねたら、あるともないとも言われなかった。

　大仏殿を出ても観光客で溢れ返っている。辺りに中国語が飛び交っている。大仏殿でもそうだった。ここはどこなのだろうか。日本人は修学旅行の小学生や中学生だけである。人や鹿を縫うように南大門（国宝）を抜け、東大寺を出る。

　この奈良の旅はいよいよ終わりに近づく。後は興福寺国宝館を残すだけとなった。しかし人混みで疲れ、ひとまず休憩とする。茶粥御膳をいただき一息入れてから国宝館に向かう。

興福寺国宝館

　館内には仏像や美術工芸品が所狭しと展示されている。主だったものを挙げる。これらはすべて国宝である。

　板彫十二神将、千手観音菩薩、天燈鬼・龍燈鬼、金剛力士。

　そして興福寺といえば、やはり阿修羅（国宝）であろう。元来、阿修羅は戦いを好むインドの神だったので、三面六臂＊の牙を剥いた怖い顔で表現されるものもあるが、興福寺の阿修羅はそうではない。

興福寺東金堂と五重塔

私は初めて対面したが、少年のようなやさしい面差しで、三面六臂で肌は赤いが異様な感じは少しもなく、すらりとしたその姿態は魅力的であり、人気があるのも頷ける。

＊三面六臂：「面」は顔、「臂」は腕で、三つの顔と六本の腕のこと。

　大仏殿とは打って変わって静かだった国宝館を出て興福寺境内を通り、五重塔や南円堂を見て徒歩で近鉄奈良駅に向かう。

　近鉄名古屋駅へ向かう特急の中で、印象に残った仏像を思い返してみた。

　若き日の運慶の作とされる円成寺大日如来を第一に挙げる。「我が心のベストテン」の第一位に選んだ柴門ふみはこう書く。〈私が好きな運慶の中でも最高の作である。なぜ、ここまで私の琴線に触れたのかというと、像が少年だからなのだ。凛々しく若さの息吹きが伝わってきて、そこから生意気な自信までも感じられる仏像なんて、他にはない。仏というよりは〈少年〉の像。でも、こうごうしいまでのありがたみもある。とにかく私の生涯ベストワンであることは間違いない〉と。

　もう一つ挙げるならば興福寺の阿修羅であろう。よく見れば阿修羅の三つの顔はそれぞれ表情が違う。朝日新聞土曜版の特集「奈良には 古き仏たち」の筆者の一人、沖真治はそれについてこう表現する。〈正面の顔は遠くを見つめて祈っているが、眉をひそめた目はどこか陰を帯びている。右の顔は唇をかんで何か悔やんでいるようだ。左の顔は意志的で決意を固めた風である〉と。

　国宝とは何か。文化財保護法によって国が指定した重要文化財のうち、世界文化の見地から価値の高いもので、類のない国民の宝として国が指定したものとある。私は国宝でないものでもいいものはいいと頑なに思っていた。しかし、聖林寺の十一面観音にしろ、唐招提寺の千手観音にしろ、円成寺の大日如来にしろ、私がいいと思った仏像はすべて国宝であった。難しいことは分からないが、国宝は意匠的にも技術的にも歴史的にも優れていていいものはいいと、今回の奈良の旅で、私のつまらない思いは氷が解けるようにすっかりなくなってしまった。

金峯山寺　蔵王権現を拝む

2018 年 11 月 6 日（火）

　昨日は京都最南端、当尾の里で浄瑠璃寺や石仏群を巡り、その日のうちに近鉄奈良駅に戻って駅付近の宿に泊まった。今日は古来より山岳霊場であった吉野山へ向かう。

金峯山寺

　吉野山の金峯山寺は修験道を信仰する山伏の総本山で、今でも、大峯奥駈道といわれる吉野から熊野へ通じる山道で修行が行われている。

　今日の目当ては修験道の開祖役行者が感得したと伝わる秘仏蔵王権現である。今月 3 日から特別公開されている。例年、紅葉シーズンの人混みを避けて10月に京都や奈良の仏像巡りをしていたが、今回11月にしたのは、この秘仏の公開に合わせたからだ。

　近鉄奈良駅から近鉄線を三回乗り換え吉野駅へ。吉野山ロープウエーは休業中のため代行バスに乗り込む。ロープウエー吉野山駅で下車し、金峯山寺に向かい参道を上っていく。黒門（総門）をくぐり、しばらくして修復中の仁王門（国宝）を抜ければ巨大な木造建築の蔵王堂（国宝）が建つ。蔵王堂は金峯山寺の本堂である。

　蔵王堂に入り、私は思わず畳に跪いた。3 体の巨大な蔵王権現が彩色も鮮やかに私を睨んで立ち並び、その迫力に圧倒される。

　蔵王権現は日本独自の仏で修験道の本尊である。権現とは衆生を救うために仮の姿で現れた神仏で、左から弥勒菩薩、釈迦如来、千手観音の化身といわれる。

　順番を待って蔵王権現の足元に正座する。隣では護摩供養が始まった。護摩を焚く炎が燃え

蔵王堂

上がり、僧侶の読経と太鼓の音が堂内に鳴り響く。蔵王権現を仰ぎ見る私の胸はいやおうなしに高鳴り、目には涙が溢れてくる。

　熱いものを胸に蔵王堂を後にし、次の目的地、如意輪寺に向かう。蔵王堂から谷へ下り、道標の案内で上っていく。

如意輪寺

　吉野にはいわゆる南北朝動乱の時代、南朝があった。足利尊氏と対立した後醍醐天皇が都を吉野に移した際、如意輪寺は勅願寺と定められた。
　宝物殿には寺宝が多く展示されていたが、蔵王権現の余韻で拝観は上の空であったためか、あまり興味を引くものはなかった。メモには、文殊・普賢菩薩画像、吉野曼荼羅、愛染明王木像、楠木正行公ゆかりの品々、などとある。また、如意輪観音が祀られた本堂内には入れなかった。

　吉野駅へは来た道を戻らず、道標に従い温泉谷沿いの道を下っていく。「ささやきの小径」といわれ、ゆるやかな下りの快適な道で吉野駅へは近道であった。

　明日は高野山である。今夜は高野山の宿坊に泊まるため、吉野駅から電車を乗り継いで橋本駅へ向かった。

如意輪寺多宝塔

京都 I 編

神護寺　西明寺　高山寺　鞍馬寺　永観堂
三十三間堂　東寺　浄瑠璃寺　岩船寺

写真：東寺五重塔

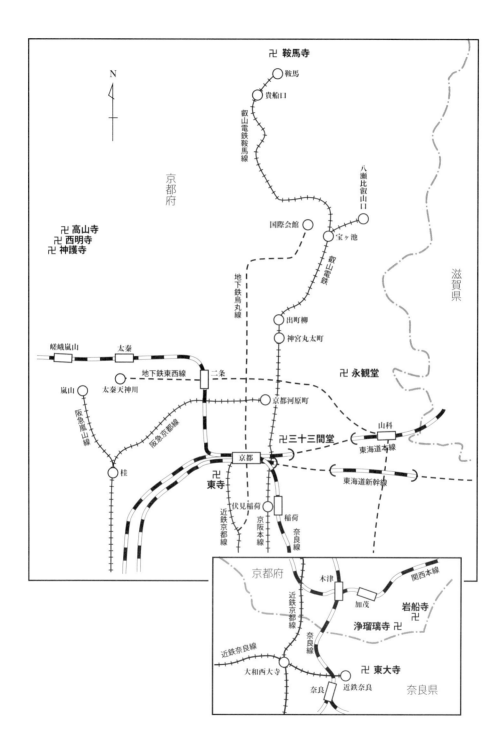

薬師如来　平安時代　神護寺（P.41）

不動明王　平安時代　東寺（P.51）

毘沙門天　平安時代　鞍馬寺（P.45）

聖観音菩薩　鎌倉時代　鞍馬寺（P.45）

迦楼羅王　鎌倉時代　三十三間堂（P.49）

阿弥陀如来　平安時代　永観堂（P.48）

阿弥陀如来　平安時代　浄瑠璃寺（P.54）

吉祥天　鎌倉時代　浄瑠璃寺（P.54）

空海を訪ねて

2017 年 10 月 11 日（水）～ 13 日（金）

　真言宗の開祖空海は平安時代、遣唐使の一員として唐に渡り、長安の青龍寺で恵果に師事し密教を学んだ。当時、恵果は密教の最高権威者であった。空海は恵果に認められ、密教のすべてを授けられた。

　恵果の死後、恵果の遺言に従い、密教の教えを広めるため帰国の途に就いた。帰国直後の空海の足跡は明らかではないが、嵯峨天皇の時代になって空海の活躍はめざましくなる。嵯峨天皇は密教を支持し、全面的に空海をバックアップした。空海は嵯峨天皇から高野山の地と東寺を賜り、高野山を修行の場に、東寺は京都における布教の拠点とした。

　空海は密教を広めるため諸国を行脚し、各地にたくさんの伝説が残る。まるで空海が10人も20人もいたかのように。ただその伝説をいくつか差し引いても、空海のことを知れば知るほど、天才で偉大な思想家だと思う。

10 月 11 日

　今回は空海ゆかりの地、神護寺と東寺を訪ねる。まず京都駅からバスに乗り、神護寺へ向かう。

神護寺

　神護寺の高雄（尾）、西明寺の槇尾、高山寺の栂尾を合わせて「三尾」と呼び、古くから紅葉の名所として知られる。しかし混雑を嫌い、紅葉の時季を避けてやってきた。紅葉の盛りにはまだ早い。

　「山城高雄」でバスを下車し、高雄橋で清滝川を渡り、長い参道を上っていく。楼門で拝観受付を済ませ境内に入る。境内は広々とすっきりしていて、楓が紅く染まり始めている。早くも紅葉の季節を予告するかのようだ。

　唐から帰国した空海はここを拠点に真言密教の基礎を築いた。当時神護寺は密教寺院ではなく高雄山寺といった。それを空海は神願寺と一つにして神護寺と改め、真言密教の寺院にしたといわれる。

　明王堂、五大堂、毘沙門堂、大師堂、金堂と順に巡っていく。明王堂、

高雄橋で清滝川を渡り参道を上っていく

楼門。持国天、増長天が祀られる

大師堂

五大堂（左）と毘沙門堂

金堂より五大堂（手前）と毘沙門堂を見下ろす

金堂

　五大堂、毘沙門堂、大師堂は開扉（かいひ）されていない。空海の住房の跡に再建された大師堂には板彫弘法大師（いたぼりこうぼうだいし）が祀られている。浮き彫りであるのは珍しいという。ちなみに「弘法大師」の名は空海入定（にゅうじょう）後80年以上経ってから醍醐天皇（だいごてんのう）より下賜（かし）されたものである。

　　石段を上り金堂に入る。薬師三尊（やくしさんぞん）、十二神将（じゅうにしんしょう）、阿弥陀如来（あみだにょらい）、如意輪観音菩薩（にょいりんかんのんぼさつ）、地蔵菩薩（じぞうぼさつ）、愛染明王（あいぜんみょうおう）、四天王（してんのう）など、堂内に数多くの仏像が安置

されている。

　特に目を引いたのは本尊薬師如来（国宝）である。「これは薬師如来なのか」。目の前にした時そう思った。あごは割れ、目は細くやや切れ上がり、どこかを睨（にら）むような怖い顔をしている。長身なのに下腹から太ももにかけて太く、ずんぐりして見える。腕も太く、

多宝塔

左手には薬壺（やっこ）、右手は施無畏印なのに、「来るな」と制止しているかのよう。こんな威圧（いあつ）する薬師如来は見たことがない。

　もともとは白木の仏像であったが、歳月とともに黒ずみ、唇や眉の彩色は後世のものである。

　金堂を出て、さらに石段を上り多宝塔（たほうとう）に向かう。ここは五大虚空蔵菩薩（こくうぞうぼさつ）（国宝）を祀るが、通常は非公開である。

　多宝塔を後にし、地蔵院に向かう。

　地蔵院は高台に建ち、眼下に清滝川の流れが眺められ、景色は抜群である。ここは「かわらけ投げ」の発祥の地といわれる。「かわらけ」とは素焼きの小さな皿で、昔から花見の時などに、これを投げて空中に舞うさまを見て楽しむ余興（よきょう）であったらしい。現在では厄除けなどの願掛けで行われる所もある。

　神護寺を後にして山を下り、清滝川沿いの舗装路を西明寺へ向かう。

西明寺（さいみょうじ）

　西明寺は川音しか聞こえない静かな山寺である。本堂には釈迦如来（しゃかにょらい）、千手観音菩薩（せんじゅかんのんぼさつ）、愛染明王が祀られている。本尊釈迦如来は運慶（うんけい）作と伝わる。運慶作と学者が認めているのは31体という。果たしてどうであろうか。

山門

西明寺を出て、さらに清滝川沿いを高山寺へ進む。

西明寺本堂

高山寺
<ruby>高山寺<rt>こうさんじ</rt></ruby>

高山寺は杉木立に囲まれた山寺である。表参道より入り、金堂、明恵上人御廟、仏足石、開山堂と巡っていく。楓の紅葉はまだ早い。歌が頭に浮かび、思わず口ずさむ。

京都 栂尾 高山寺　恋に疲れた女が ひとり
大島つむぎに つづれの帯が　影を落とした 石だたみ*

＊日本音楽著作権協会（出）許諾第2305696-301号

これはデューク・エイセスの『女ひとり』（永六輔作詞、いずみたく作曲）で、もう半世紀以上昔に流行った京都を舞台にした曲である。

石水院（国宝）に入る。石水院には鳥獣人物戯画（国宝）の一部を縮小複製したものが展示されている。中学生の頃だったか、教科書でこれを初めて見た時、平安時代の漫画として興味を引かれたのを覚えている。—— 数年後、東京国立博物館で鳥獣人物戯画の本物4巻の展覧会が催されたのだが、残念ながら拝観する機会を逸してしまった。

石水院拝観後、裏参道を下って「栂ノ尾」バス停へ。京都駅へのバスを待つ。

「京 豆富不二乃」

ジェイアール京都伊勢丹 11F

生湯葉のおさしみ　生麩田楽

揚げだしとうふ　炊き込みごはん

他　　　　　3,812円

京都駅に戻り、京都ならではの湯葉や豆腐料理の夕食を済ませ、タクシーで今夜の宿に向かう。数寄屋造りが売りの宿は円山公園の林に囲まれ静かな所だが、その分、日当たりが悪いのか布団は湿り、部屋はかび臭かった。

10月12日

　宿から徒歩で祇園四条駅へ、京阪線で出町柳駅へ移動し、ここで叡山線に乗り換え鞍馬駅へ向かう。今日は鞍馬寺を訪ねる。

<ruby>鞍<rt>くら</rt></ruby><ruby>馬<rt>ま</rt></ruby><ruby>寺<rt>でら</rt></ruby>

　鞍馬山の南面に広がり、牛若丸こと源義経が修行した地としても知られる鞍馬寺は豊かな自然を残している。山内を徒歩で金堂、不動堂と巡り、奥の院まで行く。

　仁王門をくぐり参道を由岐神社へ。さらにつづら折りになった参道を本殿金堂へ上っていく。

　金堂に祀られている本尊「尊天」は非公開である。尊天とは毘沙門天、千手観音、護法魔王の三身が一体になったものという。

　金堂を出て、霊宝殿を見送り山道へ入る。山道をしばらく上って下れば不動堂、そして義経堂が建つ。

　不動堂で般若心経を唱え「南無大聖不動明王」と結ぶ。後ろで参拝していた女性に「ありがとうございました」と礼を言われ恐縮する。

　義経堂には奥州平泉で非業の死を遂げた源義経が祀られている。「遮那

仁王門

金堂へ

王尊として魔王尊のおそばにお仕
えしている」と記されていた。

　また山道を上って下って、しば
らくして奥の院魔王殿に着く。奥
の院への山道に歌碑が立っていた。

　〈つゞらをり　まがれるごとに
水をおく　やまのきよさを　汲みて
しるべく〉　香雲

金堂

　山道は貴船へと下っていくが、私は奥の院に合掌し、来た道を霊宝殿へ
戻る。

　霊宝殿の一階は鳥獣・昆虫・植物など自然科学博物苑展示室、「ムカデ
は毘沙門天のお使いの霊虫として大切にされてきた」とあった。二階は寺

石段を上れば山道になる

山道は奥の院へ続く

不動堂

奥の院

46

宝展観室および與謝野記念室、三階が仏像奉安室である。

　仏像奉安室には国宝の毘沙門天、吉祥天、善膩師童子三尊像の他に、聖観音１体、兜跋毘沙門天１体、毘沙門天３体が展示されている。鞍馬寺は鑑真の高弟が毘沙門天を安置して草庵を結んだのが始まりとされる。毘沙門天は北を護る四天王多聞天の別称で、鞍馬山は平安京の北に位置し、毘沙門天を祀ったのに合点がいく。鞍馬寺は今でも毘沙門天の寺である。本尊はこの毘沙門天の三尊像であったとする説や、ここに安置されている兜跋毘沙門天の姿と近いものでなかったかとする説もある。

　毘沙門天の多くは宝塔をかかげるが、ここの中尊は額に手をかざして遠くを眺め、口元をゆがめて都をいぶかしがっているように見える。

　隣の聖観音にどうしても目が行く。細身の体にはだけた胸元。ウエストはさらにくびれ、悩ましいのだ。ややふっくらした頬にぽっとした目で、顔立ちはやさしい。

　霊宝殿はずっと私一人であった。仏さまを独り占めする贅沢な時が流れた。

　閉門の時間が近い。再び毘沙門天と聖観音に合掌し、名残惜しい気持ちで霊宝殿を出て山を下った。

「雍州路」鞍馬寺門前

　くらま精進膳　　2,700円
　栗ぜんざい　　　 800円

八坂神社

　山門前の精進料理のお店に入り遅い昼食とし、鞍馬駅から電車を乗り継いで往路を祇園四条駅まで戻る。

　河原町の居酒屋で、出し巻玉子をつまみに生ビールをいただき、ほろ酔い気分で夜の八坂神社を通り、徒歩で円山公園の宿に戻る。

10月13日

　宿から「祇園」へ。ここで「銀閣寺」行きのバスに乗り、「東天王町」で下車。永観堂へ向かう。今日はあいにくの雨である。

永観堂

　紅葉シーズンの混雑を避けた京都だが、永観堂は色づき始めている。紅葉は真っ盛りよりこの頃が好きだ。それに雨の永観堂は静かである。

　永観堂は正式には禅林寺。しかし地元の人は決して「禅林寺」とは言わない。庶民に慕われた第7代住持永観に親しみを込めて「永観堂さん」と呼ぶらしい。

　中門をくぐり、釈迦堂、千佛洞、御影堂と順に巡る。釈迦堂で釈迦三尊を拝み、千佛洞では山越阿弥陀図（国宝）の複製を拝見した。これは、臨終の人を浄土に迎えるため山間から姿を現した阿弥陀如来を描いたものである。

　浄土宗の開祖法然上人が祀られている御影堂を出て、臥龍廊を開山堂へ。永観堂の開山は空海の高弟真紹である。臥龍廊を戻り、水琴窟に水を注ぐ。水滴が奏でる澄んだ音を耳に、阿弥陀堂へ入る。阿弥陀堂が永観堂の本堂である。

　本尊阿弥陀如来は「みかえり阿弥陀」として広く知られる。JR東海の「そうだ 京都、行こう。」のキャンペーンで有名になったらしい。顔をそむけるかのように左に大きく首を曲げている。こんな仏さまはかなり珍しいという。実は、顔をそむけているわけではなく、後ろをふり返っているらし

中門

境内

い。諸説あるが、遅れた人々をふり返って導こうとする阿弥陀の慈悲(ひ)を表しているといわれる。

像高が77センチメートルと小ぶりで女性には人気のようだが、私にはきれいな仏さまとしか印象に残らなかった。正面からはそっぽを向いているが、厨子(ず)の横に窓(し)が開いていて、右に回ればお顔が拝められる。

放生池錦雲橋

阿弥陀堂拝観後、外に出れば雨は止んでいた。多宝塔に寄り、放生池(ほうしょういけ)のほとりを散策して中門を出、永観堂を後にする。

次は三十三間堂へ行く。「東天王町」バス停は交差点に四つある。下車した向かいのバス停で待つが、待っていたバスは素通りして交差点を右折(あわ)してしまった。慌てて近くのお店で尋ね、正しいバス停へ移動する。「祇園」もそうだったが、バス停に路線番号、主な行き先が書かれてはいるものの、交差点の周りにいくつかある所は迷いやすい。次の「京都駅」行きのバスに乗れ、「博物館三十三間堂前」でバスを降りる。

三十三間堂(さんじゅうさんげんどう)

三十三間堂はさすがに修学旅行生で賑わっている。近世以降、妙法院(みょうほういん)所管の仏堂で、正式には蓮華王院本堂(れんげおういん)と呼ばれる。

118メートルの本堂には、運慶の嫡男湛慶(ちゃくなんたんけい)作の千手観音坐像（国宝）の左右に1000体の千手観音（国宝）が立ち並ぶ。そのさまは華やかではあるが、おおざっぱに言ってみな同じ顔、同じポーズをして

本堂

いる。〈宝塚のフィナーレの舞台のように、同じ顔した一団に整然と並ばれても、すべてに注意を払うことはできない〉と、漫画家柴門ふみは著書『ぶつぞう入門』に書いている。同感である。また、宝塚と同じで顔のいいのが前に並んでいるらしい。後ろのものは表情などよく分からないので、ここも宝塚もその真偽は分からない。ただ、最前列には立て札に作者名が書かれたものがある。その中で柴門ふみが気に入った、550号をまじまじと見る。湛慶の作である。そう言われれば、一番端整な顔立ちをしている。

　千手観音より目を引くのは二十八部衆（国宝）であろう。風神（国宝）、雷神（国宝）とともに千手観音を護っている。二十八部衆はさまざまな姿や表情をしていて魅力的である。これこそが慶派仏師による写実的な作品なのだろう。本堂を二往復して二十八部衆の名と像高を一つひとつメモに取る。私が特に気に入ったのは二つあった。一つは大弁功徳天、もう一つは迦楼羅王である。

　三十三間堂を出て、徒歩で大和大路通を京都国立博物館、豊国神社と見送り、予約した京麩と湯葉の専門店へ急ぐ。

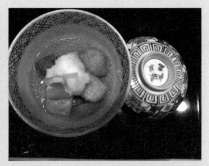

「半兵衛麩」　五条大橋東南　元禄年間創業　要予約
生麩や湯葉のコース料理　3,240円

　五条通に出てタクシーを拾い、最後の目的地東寺へ向かう。

東寺

　東寺は空海の寺である。嵯峨天皇より東寺を下賜された空海は、真言密教の根本道場とし、都における布教の拠点とした。正式名は教王護国寺。しかし地元京都の人は教王護国寺とは言わない。親しみを込めて「東寺さん」と呼んでいる。しかも、私は「とーじ」と「じ」にアクセントを置くが、京都弁では「とーじ」と「とー」にアクセントを置いて呼ぶ。それが何とも耳に心地よい。

五重塔

　慶賀門から入り、拝観受付を済ませ、瓢箪池を回って五重塔を仰ぐ。

　五重塔（国宝）は高さ約55メートル。木造建造物としては日本一の高さを誇る。初層内部は非公開だが、心柱を大日如来として、その周りに阿閦、宝生、阿弥陀、不空成就と四尊の如来を配し、金剛界曼荼羅の世界が広がっているという。

金堂

　金堂（国宝）に入り、本尊薬師如来と脇侍日光菩薩、月光菩薩を拝見する。薬師如来は光背に7体の化仏を配し、台座には表情豊かな十二神将がぐるりと並ぶ。像高3メートル弱、台座と光背を含めれば10メートルにも及ぶ。その大きさに圧倒される。

　次に講堂で立体曼荼羅を拝観

講堂

する。

　曼荼羅は密教の教えや世界観を視覚的に表したもので、基本的には平面図だが、それを空海の構想で三次元で表したのが立体曼荼羅である。

　講堂に入ると、21体の仏像が出迎えてくれる。大日如来を中心に五智如来、金剛波羅蜜菩薩を中心に五大菩薩（国宝）、不動明王を中心に五大明王（国宝）、そして周囲には、四天王および梵天（国宝）、帝釈天（国宝）が整然と並ぶ。

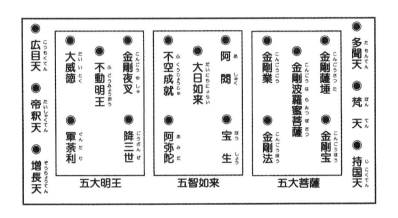

　柴門ふみは『ぶつぞう入門』の中で、立体曼荼羅を〈ポップアップ絵本のようなもの〉と称し、〈今にも動き出しそうな四天王達――目をむき口を開き高くかざした右腕は今にも剣を振り下ろしそうだ――これって胸ワクワクする絵本みたいじゃありませんか。しかも立体〉と書く。さらに〈平安の昔から、ファイナルファンタジーに熱狂する平成の現代まで、民衆は冒険活劇が大好きなのだ。ストーリーを喚起する明王、四天王、天部衆がいなければ、仏教は果たしてここまで民衆の心にくいこんだであろうか〉と、彼女の感性と筆力は冴えている。

　私は如来や菩薩より明王や天部にどうしても目が行く。それは講堂の仏像群の中で異彩を放っているからだろう。明王は密教特有の仏で多面・多臂・多足の恐ろしい形相をしているものが多い。

　明王の中で最も広く信仰されているのは「お不動さん」こと不動明王であろう。東寺の不動明王も燃え盛る炎を背に、眉を吊り上げ、歯を剥き出し、睨んでいる。

東寺は今回の京都の旅の最後である。閉門までここにいることにする。

金堂、講堂、五重塔が建つ境内は拝観券を見せれば出入りは自由である。いったん外に出て、食堂に立ち寄る。食堂には焼けて炭化した四天王が安置されている。像高は３メートルを超える平安時代のもので、昭和の初めに火災に遭ったという。

閉門が迫る中、金堂に戻って薬師如来を正面にして座り、しばらくじっと拝む。閉門前の金堂は参拝者が少なく静かである。次に講堂に入る。講堂も参拝者はほとんどいない。ぐるりと21体の仏像を一つひとつ拝み、講堂の戸締りがされていく中、大日如来を正面にしてじっと座っていた。

閉門のアナウンスが流れる中、東寺を後にし、徒歩で京都駅に向かい、帰路に就く。

私は東寺の金堂も講堂も、ここまでじっくり拝観したのは初めてである。

講堂の立体曼荼羅の仏像群は、平安時代の人々が感じた驚きや畏れは今も色褪せないのだが、私には密教の世界観は難しくてよく分からなかった。むしろ、金堂の本尊薬師三尊により強く心を動かされた。なぜだろう。それはおそらく、東大寺の大仏を思わせるほど、見上げるばかりの薬師如来の大きさに驚くとともに畏敬の念を抱いたからであろう。

小田原に向かう新幹線の中で、私はそう思った。

当尾の里を歩く

2018 年 11 月 5 日 （月）

　当尾の里は京都府の最南端、奈良との県境にあり、東大寺から約4.5キロメートルの距離で、京都というより奈良に近い。実際、私はJR奈良線の奈良駅で下車し、バスでここ浄瑠璃寺までやってきた。

浄瑠璃寺

　境内の東に三重塔（国宝）、池を挟んで西に阿弥陀堂（国宝）が建つ。三重塔には秘仏薬師如来を安置し、阿弥陀堂には9体の阿弥陀如来（国宝）が祀られ、九体阿弥陀堂と呼ばれる。

　薬師如来は東方浄瑠璃浄土を司る仏で、阿弥陀如来は西方極楽浄土の仏である。浄瑠璃寺の伽藍には、薬師如来の加護のもと、阿弥陀如来が待つ極楽浄土への往生を願う人々の思いが込められている。

　五木寛之は著書『百寺巡礼 第三巻 京都Ⅰ』（講談社文庫，2008年）で、〈人びとにいのちを与えて現世に送りだす浄瑠璃浄土と、死んだあとの魂を迎えいれる極楽浄土が、池をはさんで此岸と彼岸として向きあっているのが、この浄瑠璃寺なのである〉と記す。

　平安時代後期、世の中には末法思想が広がっていた。人々はそれを怖れ、せめて極楽往生を願おうと浄土信仰にすがり、阿弥陀如来を祀った。ここの九体阿弥陀仏が造られたのもその頃である。

　当時、「九品往生」という思想が信じられていて、人々は往生の際、生前の信仰心や功徳によって九段階に振り分けられ、その段階に応じて阿弥陀仏が九通りの方法で極楽浄土へお迎えに来るとされた。

　三重塔の石段を上がる。薬師如来は秘仏で公開されていない。特別に拝観した五木寛之は前出の著書で、〈威圧的ではなく、しかも薬師如来像によく見られる大きな肉厚の像でもなく、すんなりとやさしい像だ。薬壺をのせた左手や掲げた右手の指先の表情には、なんともいえない繊細な感じが漂っている〉と記している。

九体阿弥陀堂

三重塔

　此岸から彼岸に向かい、九体阿弥陀堂に入れば、２体は修復中ということで、ひときわ大きい中尊の左右に３体ずつ阿弥陀如来が並ぶ。それぞれの仏の真向かいに座って、その姿を間近に拝むことができる。阿弥陀如来の印相は九つの段階に応じて異なると思っていたが、実際はそのような作例は少ないらしく、ここの中尊は来迎印、他はみな阿弥陀定印を結んでいた。

　堂内には他に、四天王（国宝）の持国天と増長天が安置されている。広目天は東京国立博物館に、多聞天は京都国立博物館に出向されているらしい。

　また、厨子が開扉され吉祥天が特別公開されていた。どっしりとした阿弥陀仏とは対照的に小ぶりだが、色白でふくよかな顔をしている。私はこんなに肌の白い仏像は拝見したことがない。秘仏として保存されてきたためか、衣の色も鮮やかに残っている。

　当尾の里にはたくさんの石仏が点在する。昔、東大寺再建のために宋から多くの石工が来日した。彼らは花崗岩の彫刻技術に長け、再建後、花崗岩が多い当尾で、彼らやその子孫が石仏を彫ったといわれる。

　まず木津川市コミュニティバスで岩船寺へ向かい、岩船寺から浄瑠璃寺へ戻るように石仏を巡ることにする。**岩船寺**には、本堂に本尊阿弥陀如来と四天王、普賢菩薩、如意輪観音菩薩、十一面観音菩薩、十二神将などが祀られていた。

　岩船寺から山道を上り、まず三体地蔵磨崖仏。過去、現在、未来を割り

阿弥陀・地蔵磨崖仏

三尊磨崖仏。
左から阿弥陀仏、地蔵菩薩、十一面観音

　当てた地蔵菩薩が岩肌に彫られている。ゆるやかに下って、巨岩に線彫りされた弥勒磨崖仏。やさしい微笑みで「わらい仏」といわれる阿弥陀三尊磨崖仏。隣に首まで土に埋まった地蔵菩薩。こちらは「眠り仏」と呼ばれている。次に阿弥陀・地蔵磨崖仏。そして、岩に舟形の光背を彫り込み、地蔵菩薩と十一面観音、その左に阿弥陀仏と、珍しい配置の石仏といわれる三尊磨崖仏を最後に浄瑠璃寺に戻る。

　浄瑠璃寺からバスに乗って近鉄奈良駅で下車し、今夜の宿へ向かう。明日は吉野の金峯山寺を訪ねる。

京都Ⅱ編

比叡山延暦寺　平安神宮　鞍馬寺　貴船神社
伏見稲荷大社　泉涌寺　東寺　醍醐寺

写真：醍醐寺五重塔

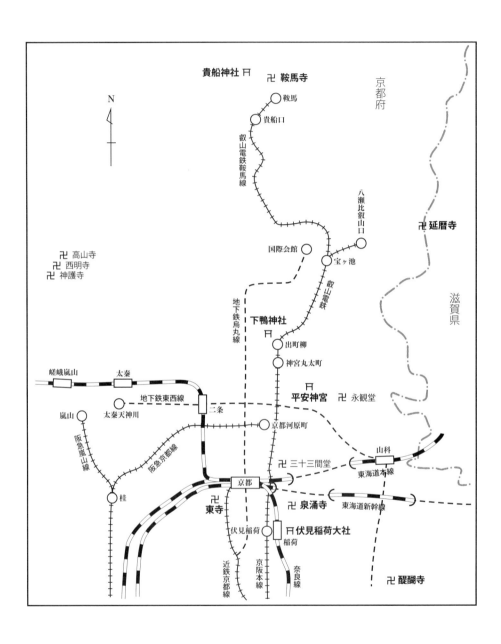

比叡山延暦寺東塔と伝教大師最澄（P62）

伏見稲荷大社千本鳥居（P.69）

楊貴妃観音 中国南宋時代 泉涌寺 (P.72)

弥勒菩薩 快慶作 鎌倉時代 醍醐寺 (P.86)

京都修学旅行 再び

2019 年 9 月 28 日（土）～ 30 日（月）

　今回は高校時代の同級生、総勢 6 名の京都旅行である。半世紀以上昔のことで記憶は曖昧だが、高校の修学旅行は奈良、京都をグループに分かれて計画を立て行動した。6 名全員、その時のグループのメンバーで、二回目の修学旅行の感がある。

　今回の計画は私が練った。一日目は比叡山、二日目は鞍馬寺に貴船神社と、われわれ中高年にはゆったりした日程にし、三日目は各自が計画を立て自由行動とした。

9 月 28 日

　京都駅に着くや、京都タワー内の「関西ツーリストインフォメーションセンター」で比叡山ワンデイチケットを購入、荷物を今夜の宿へ宅配便で送る手配をする。

　京都タワー内で昼食を済ませ、ホテル「ザ・サウザンド京都」へ。ワンデイチケットがあればここからの送迎バスが利用できる。バスで京阪七条駅まで行き、京阪線で出町柳駅へ。出町柳駅で叡山電鉄に乗り換え、八瀬比叡山口駅で下車し、徒歩でケーブル八瀬駅へ。ここからケーブル、ロープウエー、シャトルバスと乗り継ぎ、比叡山延暦寺へ向かう。

　標高が高いせいか、この時季にしては空気が爽やかで、われわれおじさんたちには有り難い。

ケーブル八瀬駅

ロープ比叡駅

ロープ比叡駅には「かわらけ投げ」があった。ここのは輪の的があり、投げたかわらけが輪の中を通れば願いが叶う。ロープウエーを待つ間、仲間の一人が挑戦。なんと三投目に輪の中を見事通過し、みんなから拍手喝采を浴びる。

比叡山延暦寺

　比叡山そのものが延暦寺で、大きく東塔・西塔・横川という三つのエリアに分かれ、「三塔」と呼ばれる。三塔それぞれの伽藍はかなり離れていて、全部を巡拝するには丸一日かかるだろう。今回は東塔エリアを参拝する。ここは最澄が開いた延暦寺発祥の地である。

　シャトルバスの「東塔」というアナウンスでついバスを下車してしまったが、拝観受付はここではなかった。車道を少し上って、バスの終点「延暦寺バスセンター」まで行く。諸堂巡拝は16時まで。時間がないので国宝殿は拝観しないことにし、巡拝料を納め、中へ入る。

　大講堂を見送り、まず東塔に向かう。阿弥陀堂と東塔が並ぶ。阿弥陀堂で阿弥陀仏を拝み、東塔は大日如来であろうか、ガラス窓越しに拝む。

　来た道を戻り、戒壇院を見て根本中堂（国宝）へ。根本中堂は最澄が建立した一乗止観院の後身で、延暦寺の総本堂である。現在、大改修中で全体がプレハブで覆われている。改修中でも拝観は可能で、修学ステージが設けられ改修工事の過程が見学できるようになっていた。

　根本中堂内陣の厨子には最澄自作の伝承がある本尊薬師如来が安置され

東塔・阿弥陀堂

戒壇院

改修中の根本中堂　修学ステージより

る。内陣は外陣より床が約3メートル低く、外陣の参拝者の目線と同じ高さで本尊を拝むことができるようになっているという。これは天台密教独特の仏殿様式らしい。本尊は秘仏で厨子は開扉されていない。厨子の前に灯籠がある。あれが「不滅の法灯」といわれ、1200年もの間一度も消えたことがない灯明であろう。

　修学ステージを巡り、根本中堂を出る。この大改修は2016年に始まり、約10年かかるというが、2026年には装い新たな根本中堂が拝観できるのだろうか。根本中堂の前の高い石段を上れば文殊楼。延暦寺の総門で、文殊菩薩が祀られているらしい。

　比叡山は高野山と並び称される山岳霊場である。ここから多くの名僧が輩出され、法然の浄土宗、親鸞の浄土真宗、栄西の臨済宗、道元の曹洞宗、そして日蓮の日蓮宗と、鎌倉時代以後、広く民衆の間に仏教というものを広めていった。

　比叡山を開山した伝教大師最澄は、弘法大師空海とよく比較して語られる。私は最澄のことは詳しく知らない。ただ、最澄は仏教界のエリートという印象が強い。遣唐使の一員として唐に渡った時、最澄は朝廷に認められ国費で賄われた。それに対して空海は無名の僧、自費で唐に留学した。

　しかし、五木寛之は著書『百寺巡礼　第四巻　滋賀・東海』（講談社文庫，2008年）で、〈最澄については、これまで少し誤解をしていたともいえる〉〈最澄はエリートで、最初から朝廷の保護を受けて、比叡山に立派な寺を建ててもらったとばかり思い込んでいた〉と述べている。

　最澄は当時のエリート中のエリートで、奈良の仏教界では将来の出世が約束されていた。だがどういうわけか、突然、最澄はその地位を放棄した

という。〈出世の道に背を向け、決然と反旗をひるがえしたのである。そして最澄は、当時は荒涼としていた比叡山にはいる。十九歳での決断だった。彼はそこでひたすら山林修行にはげむ〉〈のちに比叡山を下りていった人びと ── 法然、親鸞、栄西、道元、日蓮たちのことは、比較的よく知られている。けれども、最澄自身が当時の仏教界での出世を放棄して、人里離れた比叡山にはいったことは、あまり知られていないのではないか〉と五木寛之は言う。

今回は東塔エリアだけであったが、いつか西塔、横川まで足を延ばしてみたいと思う。三塔を巡らずして比叡山を語ることなかれ、である。

延暦寺バスセンターへ戻り、シャトルバスに乗車。往路を出町柳駅へ向かう。

途中、八瀬比叡山口駅前の店にあった「アルバイト募集」の看板に目が行く。半信半疑だが、このユーモアたっぷりの募集内容に、余生を真剣に考えねばならないわれわれはにやっとし、「80歳になったら応募してみよう」と誰かが言った。

アルバイト募集	
職種	座ってるだけ
年齢	80才以上
備考	元気のない方
	昼寝付
時給	1,000 円以上

出町柳駅から京阪線に乗り、神宮丸太駅で下車。旅の一日目が終わろうとしている。居酒屋「ますたけ」で京都の初日に祝盃をあげ、京都の家庭料理おばんざいに舌鼓を打つ。

ほろ酔い気分のおじさんたちは、それでもしっかりとした足取りで夜の丸太町通をホテルへ急いだ。

9月29日

朝の京都を味わおうとホテルを朝早く出て、まずホテル隣の岡﨑神社に立ち寄る。安産祈願の可愛らしいウサギがたくさん奉納されていた。

次は平安神宮へ向かう。

安産祈願　岡﨑神社

平安神宮

　応天門から入る。早朝、観光客はいない。空気は清々しく、白砂が美しい。平安神宮は明治時代に平安遷都1100年を記念し、平安京を模して創建された。正面に大極殿がでんと構えている。朱塗りの柱に碧の瓦が晴天の空に映える。大極殿の左右には回廊でつながる白虎楼と蒼龍楼が建つ。

応天門

大極殿

白虎楼

蒼龍楼

平安神宮を出て、朝食のため谷口製麺所直営の「早起亭うどん」に入る。朝5時にオープンし安くて人気の店だが、席はまだ空いていた。私は欲張ってご飯付カレーうどんを注文し満腹になってしまった。

この後の計画は鞍馬から貴船で、上り下りの長い道のりが待っている。おじさんたちは大丈夫だろうか。ゆったりした計画にしたつもりだが、今さらながら心配になってきた。

食後、神宮丸太町駅へ向かう。今日は出町柳駅で叡山電鉄を鞍馬行きに乗る。

鞍馬寺

終点鞍馬駅で降りれば、巨大な天狗のオブジェに出迎えられる。鞍馬山は古来霊山として知られ、山岳修験の場であった。牛若丸こと源義経の修行の地でもあり、鞍馬の天狗が剣術を指南したという伝説が残る。

仁王門から入山。由岐神社にお参りし、つづら折りの参道を金堂へ向かう。昨日の比叡山は涼しかったが、今日は暑く湿度が高い。木陰が恋しい。しかも日曜日、参拝客で混んでいる。外国人も多い。

金堂を参拝し霊宝殿へ。一階の自然科学博物苑展示室を見学する他のおじさんたちをしりめに、私はすぐに三階に向かう。日曜日なのに霊宝殿に入る人は少ない。三階の仏像奉安室は私一人である。毘沙門天や聖観音菩薩に再会し、正座してしばし静かな時を過ごす。

霊宝殿を出て、木の根が地表に露出する「木の根道」と呼ばれる山道

仁王門をくぐり参道を上っていく

由岐神社

を上っていく。この地で牛若丸は天狗と修行したらしい。

　途中、不動堂、義経堂をお参りし、奥の院魔王殿に着く。ここには650万年前、金星から大地の霊王として降臨したと伝えられる護法魔王尊が祀られている。

　魔王殿から山道を下り、西門に向かう。西門で鞍馬寺を出れば、もうそこは貴船である。

貴船神社

　鴨川の水源を守る水神として古くから信仰を集めている。貴船川沿いの長い参道を本宮、結社（中宮）、奥宮と順に巡っていく。ものすごい人出で鞍馬の比ではない。しかも暑くてまいってしまう。本宮の神水でもいただこうと思っていたが、混雑していてその気も失せてしまった。

　結社は良縁が授かるという縁結びの神を祀り、奥宮は貴船神社発祥の地で、特に船乗りに信仰され、創建伝承にゆかりの御船形石がある。

　奥宮参拝後、参道を戻り、「鳥居茶屋」で貴船蕎麦の昼食をとる。

　昼食後、店を出て貴船口駅へ徒

本宮へ続く参道

奥宮

御船形石

歩で向かう。下りとはいえ長く感じる。駅まで30分。途中、雨が降ってきたので傘を差すが、駅に着く頃には止んでいた。

下鴨神社

　貴船口駅から叡山電鉄で出町柳駅へ。計画では貴船のカフェでゆったりするつもりであったが、日曜日の貴船を甘く見ていた。人と暑さに酔ってしまい、早々に貴船を後にしたため予定より１時間ほど早い。

　時間に余裕が生まれたので「下鴨神社に寄りませんか」という私の提案にみんな快諾してくれ、出町柳駅から下鴨神社へ行く。下鴨神社ではフリーマーケットが行われ混雑している。それでも表参道を本殿まで行ってお参りし、フリーマーケットを見学しながら戻る。時間も時間だけに、後片付けをしている出店が多い。

　下鴨神社で賀茂川に高野川が合流し、鴨川と名前を変える。時間はまだ十分にある。おじさんたちは賀茂川のほとりで思い思いにゆったりとする。夕暮れが迫り、川のほとりは涼しい。

　私はコンビニでコーヒーを買い求め、ベンチに腰を下ろす。対岸で数羽の白鷺や黒鷺が小魚を狙っている。何度か嘴を鋭く流れに突っ込むが、魚を捕らえた鷺はいない。私はこの楽しい光景に時を忘れる。

　レストランに向かう。「TOGI神宮丸太町店」。予約時間の30分前に着くが、店主の厚意で早めに入店。昨日の店と同じく住宅街の中にひっそりと建つ。昨夜は和食だが今夜は洋食。それにしても暑い中、われわれおじさんは一人も脱落せずよく歩いた。冷えたビールで乾杯し、肉と野菜料理を満喫する。

９月30日

　最終日は自由行動。東寺、金閣寺、龍安寺、仁和寺など計画は人それぞれ。私の計画はまず伏見稲荷大社、そして泉涌寺、東寺と順に巡る。

　朝食はホテルのカフェ＆レストランでバイキング。おじさんたちは荷物を宅配便で自宅に送る手配をし、それぞれホテルを出発。私は「岡崎神社

前」バス停からバスに乗り、「丸太町京阪前」で下車。神宮丸太町駅から
京阪線に乗り、伏見稲荷駅へ向かう。

伏見稲荷大社
ふし み いなり たいしゃ

　今回は初めて七神蹟を巡って稲荷山山頂まで行ってみようと思う。神蹟
とは太古に神が宿っていた所で、稲荷山には七つの神蹟がある。

　まず、表参道を本殿へ。やはり外国人が多く、修学旅行生も目立つ。案
内板に従い、人波を縫うように千本鳥居へ。千本鳥居をくぐり抜ければ奥
社奉拝所。ここまでは修学旅行生は来ない。私もこの先へ行ったことがな
い。ここから七神蹟巡りに向かう。

　熊鷹社を通って三ツ辻へ。千本鳥居を抜けても鳥居は続く。願いが通り
ますようにという祈願と、願いが通ったという感謝の証として江戸時代か
ら鳥居の奉納が始まったという。この稲荷山にはいったい何本の鳥居があ
るのだろう。

本殿

千本鳥居

熊鷹社

四ツ辻から三ノ峰へ向かう

三ツ辻から四ツ辻へ。四ツ辻は山道が交差し、七神蹟はここから始まる。少し上れば最初の神蹟三ノ峰（下社神蹟）に着く。鳥居と社が建ち、お参りする。

さらに間ノ峰（荷田社神蹟）、二ノ峰（中社神蹟）、一ノ峰（上社神蹟）と巡る。一ノ峰が稲荷山最高峰、「山頂」の標識が立つ。

山道を下って御劔社（長者社神蹟）、次いで薬力社。ここは「薬力の滝」の行場である。

さらに下って御膳谷奉拝所。「清瀧→」の道標に誘われ、谷へ下っていく。清瀧も行場である。

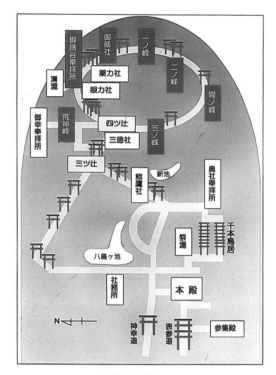

稲荷山七神蹟コース

御膳谷奉拝所から四ツ辻へ戻る。四ツ辻を右に折れ荒神峰に向かう。途中、展望が開け京都南部の街並みが広がる。

荒神峰を見逃し、御幸奉拝所まで行ってしまう。由緒は分からないが、ここに岩が祀られている。少し戻って「田中社」の額で荒神峰を特定し、荒神峰（田中社神蹟）を参拝する。

これで七神蹟すべてを巡り、四ツ辻に出て三ツ辻へ戻る。後で知ったことだが、神蹟巡りは四ツ辻から右回りに回るのが正しい道順とされているらしい。私は逆回りをしてしまったようだ。

三ツ辻からは往路とは別の道、八島ヶ池を通る道を下り、本殿に戻る。

実は、太古の神が宿っていたと言われても、浅学のためピンと来ない。ただ初めて稲荷山を踏破した満足感はある。

JR稲荷駅から奈良線に乗り、東福寺で下車。次は泉涌寺を訪ねる。そ

三ノ峰・下社神蹟

間ノ峰・荷田社神蹟

二ノ峰・中社神蹟

一ノ峰・上社神蹟

御劔社・長者社神蹟

御膳谷奉拝所

御幸奉拝所

清瀧社

清瀧

荒神峰・田中社神蹟

の前に昼食のため下調べしていた店に向かう。店はすぐ見つかったが、中は混んでいる。本店への案内図が目に入り、本店に行くことにする。しかし、これがいけなかった。本店は見つからず、しかも泉涌寺への道も見失ってしまった。

　ゆるやかな舗装路を上っていく。住宅もまばらで人影もなく道を尋ねることもできない。ようやく住宅が密集する所に出て人に会う。泉涌寺への道を尋ね、狭い急な石段を上り、ようやく皇室の陵墓に出る。どうも泉涌寺の裏から入ってしまったようだ。

泉涌寺

　泉涌寺は皇室の菩提寺で歴代天皇・皇族の陵墓があり、「御寺」と呼ばれる。霊明殿には天智天皇から昭和天皇までの位牌が祀られているという。草創の詳細は不明だが、空海がここに草庵を結んだのが始まりという説もある。

仏殿

御座所庭園

大門から入り、楊貴妃観音堂は後で拝観することにして、まず正面に構える仏殿へ向かう。参拝者は私一人である。

仏殿には本尊阿弥陀如来、釈迦如来、弥勒如来の三世仏が祀られている。この三尊は真偽のほどは定かでないが運慶作と伝わる。次に舎利殿を見て、皇族が霊明殿参

楊貴妃観音堂

拝に際して休憩する御座所に入る。座敷の縁側に座って庭園を眺め、ほんのひととき暑さを忘れる。

御座所を出て、楊貴妃観音堂へ向かい、その美しさから「楊貴妃観音」と呼ばれる聖観音菩薩を拝見する。唐の玄宗皇帝が楊貴妃を偲んで彫らせたとの伝承があるが、中国・南宋時代の作と考えられ、鎌倉時代に泉涌寺に持ち込まれたらしい。

豪華な宝冠にはカラフルな色彩が残り、面長な顔立ちはエキゾチックで、目鼻立ちは美しく彫りが深い。明らかに日本の仏像とは異質である。

楊貴妃観音堂を出て、大門から泉涌寺を後にする。泉涌寺道、東大路を通って東福寺駅へ戻る。

東福寺駅から京阪線に乗り京都駅へ。八条口に出て、「PASTA MORE」でパスタの遅い昼食をとる。

次は最後の訪問地、東寺である。疲れていたのでタクシーでと思い、八条口の乗り場へ行くが、観光客で長蛇の列。今、京都に着いたのだろうか、スーツケースを持った外国人が多い。タクシーを待っているよりも歩いたほうが早い。東寺まで歩くことにする。

東寺

北大門から入り、五重塔（国宝）へ。高さ約55メートル。木造建造物としては日本一の高さを誇る。初層内部はふだんは非公開だが、今年は10月

金堂・講堂　　　　　　　　　　　　　　　　　五重塔

26日から特別公開されるという。心柱を大日如来として、その周りに阿
閦、宝生、阿弥陀、不空成就、四尊の如来を配し、金剛界曼荼羅の世界
が広がっているらしい。これも空海が構想した立体曼荼羅である。

　拝観受付を済ませ金堂、講堂へ。今回は宝物館、観智院との共通券を購
入。金堂（国宝）は本尊薬師三尊、講堂の立体曼荼羅は、菩薩の中尊金剛
波羅蜜菩薩は修理中で現在20体。

　御影堂（国宝）は拝観無料だが現在修理中。仮設のプレハブの弘法大師
（国宝）に合掌。宝物館にはいろいろなものが展示されていたが、主だっ
たものを挙げると、一階では不動明王、地蔵菩薩、二階では兜跋毘沙門
天（国宝）、地蔵菩薩、愛染明王、両界曼荼羅図（国宝）。

　閉門前に再度、金堂・講堂を拝観しようと思い、観智院はお香のお土産
を買ってすぐ出てしまった。これが失敗であった。観智院には五大虚空蔵
菩薩が安置されていたのだ。

　10月26日からの秋期特別公開の間に、この観智院五大虚空蔵菩薩と五
重塔初層内部を拝見しに京都に来よう。東寺一つに絞れば日帰りも可能
だろう。

　閉門間近、東寺を後にして京都駅へ急ぐ。私はいつも東寺を最後に計画
する。なぜなら、閉門まで東寺でのんびりしたいし、京都駅まで歩ける距
離で時間の見通しが立てやすいからだ。

　仲間のおじさんたちとは新幹線コンコースの待合室に17時半の約束。こ
れには十分間に合う。

ビールとつまみを買い、おじさんたちは新幹線に乗り込む。

　「東寺の立体曼荼羅はすごかった」「混んでいたけど金閣寺は良かった」。新幹線の中で最終日の土産話に花が咲く。二回目の修学旅行はそれぞれに良い思い出になったようだ。「仁和寺は最高だった」と誰もが言う。私は仁和寺に行ったことがない。いつかこの真言宗御室派の総本山を訪れたいものだと思った。

　それにしても今回の京都はよく歩いた。万歩計で歩数を測っていた一人が三日間で「7万歩」と驚く。私は7万歩は優に超えているだろう。

　9月の京都は湿度が高く蒸し暑かった。この時季はやはり観光には向かない。京都は紅葉が始まる10月中旬から11月に限る。私は新幹線の中でそう思った。

東寺　秋期特別公開＆紅葉ライトアップ

2019 年 11 月 21 日（木）

　五重塔初層の立体曼荼羅が特別公開され、さらに夜間は紅葉がライトアップされて金堂・講堂が夜も特別に拝観できるというので、今回の計画を立てた。

　京都駅八条口を出てバス乗り場へ向かう。天気は上々。バッグの中に常に傘を入れているが、この仏像の旅はだいたい天気に恵まれる。

羅城門

　バスに乗り込み、「羅城門」へ向かう。東寺に行く前に羅城門跡に立ち寄ることにした。バスは京都駅から西へ大回りして九条 通に出て「羅城門」に着く。羅城門跡はバス停の目の前である。住宅地の中の小さな公園にある「羅城門遺址」と刻まれた石碑でそれと分かる。公園の入口には「矢取地蔵尊」を祀る地蔵堂が建つ。

　羅城門は平安京の正門として外敵から守るために建てられた。朱雀大路の南端に位置し、北端の朱雀門と相対する。

　平安中期、暴風雨で倒壊したとされる。しかし、倒壊以前にすでに荒廃しており、上層には死者が捨てられていたという。後世に「羅生門」ともいわれ、芥川龍之介の『羅生門』の題材となった。

　平安京遷都にともない、東寺と西寺はこの羅城門を挟んで建てられ、二つの寺院は左右対称に伽藍の配置がなされていたという。西寺は早くに消滅してしまったが、最近、〈西寺跡で五重塔跡が発見された〉とのニュースがあった。〈東寺の五重塔とともに「ツインタワー」がそびえていた平安京の景観を探る重要な発見として注目されそうだ〉とある。

　矢取地蔵は案内板に〈石像で右肩に矢傷の跡が残っている。左手に宝珠、右手に錫杖、矢を持つ〉とある。なぜ矢取地蔵と呼ばれているか。こんな伝承がある。

　〈平安初期、日照り続きで人々が飢えと渇きに苦しんでいたため、天皇は東寺の空海と西寺の守敏僧都に雨乞いを命じた。先に守敏が祈祷するも

雨は降らなかったが、空海が祈祷すると三日三晩にわたって雨が続き、国土が潤った。これを妬んだ守敏は空海を羅城門近くで待ち伏せして矢を射るが、一人の黒衣の僧が現れ、空海の身代わりとなって矢を受け空海は難を逃れた〉と。

この黒衣の僧は地蔵菩薩の化身であったため、その後の人々はこの身代わり地蔵を「矢取の地蔵」と呼び、羅城門の跡地に地蔵尊を建立し長く敬ってきたという。

祈祷して雨が降ったとか、空海にはいろいろな伝説が残る。しかし、空海は唐で理系の知識も学び、それを活用して密教の不思議を見せる演出をしたといわれる。おそらく、空海は雨が降る時期を予測できたのであろう。

羅城門跡から九条通を東寺に向かう。しばらくして掘割が現れ、掘割に沿って築地塀がある。南大門越しに五重塔が目に入る。南大門は東寺の正門に当たる。

南大門には露店が出て人が群がっている。今日は「弘法さん」といわれる縁日弘法市である。空海が入定した旧暦3月21日にちなんで毎月21日に開かれている。入定とは煩悩を消し去り悟りを得た境地に入ること。だから21日を

羅城門跡

地蔵堂

平安京羅城門　復元想像図
（フリー百科事典『ウィキペディア』）

掘割に五重塔の影が映る

南大門

弘法市と金堂

「命日」とは言わない。

　南大門をくぐると、雑貨や骨董品、古着など、たくさんの露店が立ち並び、多くの人で賑わう。拝観受付をしようと気は焦るが、露店が迷路のようで受付になかなか辿り着けない。

　受付で共通券を購入し入場。共通券で五重塔、金堂、講堂、宝物館、観智院を拝観できる。まずは五重塔へ急ぐ。縁日と重なり、待たされるかと心配していたが、五重塔に並ぶのは10人ほど。今日は縁日目当ての人が多いのだろう。露店の人混みがうそのようである。

五重塔

　平安前期、嵯峨天皇より東寺を授けられた空海は真言密教の寺とし、講堂や五重塔（国宝）に立体曼荼羅の世界を造った。その五重塔初層の立体曼荼羅が今、特別に公開されている。

　五重塔内部は開かれた四方の扉から拝観するようになっていて、中には入れない。東から五重塔の基壇に上がり、北、西、南と順に巡って各如来を拝む。壁に描かれた真言八祖*¹の肖像で恵果は上層に上がる階段に遮られ見ることができない。

　東寺の象徴として広く親しまれている五重塔は、空海の創建着手に始まるが、雷火などによって、焼失すること四回に及ぶ。現在の塔は徳川家光の寄進によって竣工され、総高55メートル、現存する日本の古塔中最も高い塔で、江戸時代前期の秀作である。

　角柱の心柱を大日如来に見立て、東は阿閦、北は不空成就、西は阿弥

五重塔初層拝観

五重塔

五重塔

陀、南は宝生の各如来を置き、脇侍に八大菩薩[*2]を配する。

＊1　真言八祖：インドで生まれた密教は、その後中国の高僧に受け継がれ、さらには９世紀の初め入唐した空海がこれを継承して日本に伝わる。真言宗の寺院では、空海までの三国（インド・中国・日本）八代に及ぶこれら正統の祖師を崇拝している。龍猛・龍智・金剛智・不空・善無畏・一行・恵果・弘法

＊2　八大菩薩：弥勒・金剛蔵・除蓋障・虚空蔵・文殊・観音・普賢・地蔵の各菩薩

金堂

　五重塔を後にして金堂（国宝）に入り、本尊薬師如来、日光菩薩、月光菩薩、そして十二神将を拝む。

　今日は金堂の南の扉が開けられ、外からでも参拝できる。扉から陽が入り、堂内は自然光で明るく、差し込む光の中に線香の煙が漂う。扉の外で本尊に手を合わせる人、そして線香の香り。金堂はいつもとは異なる空間

のようである。

　地元の人は月一回、この日に本
尊を拝みに来るのだろう。東寺が
京都の人に「東寺さん」と親しま
れていることが伝わってくる。

　東寺創建の際、金堂には官寺に
ふさわしい荘厳さが求められた。
以後、600年以上、威風堂々とそ
の姿を残していたが、室町時代に

金堂

焼失。関ケ原の合戦後に再建された。宋の様式を取り入れた天竺様と和様
を合わせた桃山時代の代表的な建物。屋根の中央の切り上げは東大寺大仏
殿や平等院鳳凰堂にも見られる形である。

　真言宗の本尊は大日如来。ここはなぜ薬師如来なのだろうか。それは東
寺創建後に空海に授けられたからで、薬師如来は空海が東寺に来る以前か
ら本尊であった。もちろん今の薬師如来は創建当時のものではない。金堂
や講堂とともに室町時代に焼失し、桃山時代に奈良時代の古い薬師如来と
して復活したという。

講堂

　金堂を出て、隣の講堂に入る。東寺を授けられた空海は真言密教の根本
道場にするため、講堂や五重塔に力を注いだ。立体曼荼羅は空海の構想で
ある。しかし、講堂の完成を待たずに空海は入定してしまう。

　立体曼荼羅は、大日如来を中心
に五智如来、金剛波羅蜜菩薩を中
心に五大菩薩、不動明王を中心に
五大明王、そして四天王、梵天、
帝釈天と、21体の仏像で構成さ
れる。五智如来は重文だが他はす
べて国宝である。今、金剛波羅蜜
菩薩は修理のため美術院国宝修理
所に移されている。

講堂

創建当時は講堂と金堂の周囲を回廊が巡り、二つの大伽藍をつないでいた。室町時代、金堂や南大門とともに焼失。金堂が桃山時代、南大門が江戸時代にようやく再建されたのに対し、講堂は焼失より5年後に再建されたという。それが、いま、私たちの前にある講堂である。

　密教では、如来としての姿の他に、菩薩の姿、そして明王の姿で現れるという。たとえば、最高の悟りそのものの姿である大日如来は、衆生を救済する時には慈悲相の金剛波羅蜜菩薩に、教化するのが難しい者には脅して怖がらせてでも教え導くため忿怒相の不動明王になる。これを三輪身説という。

食堂

　拝観受付を出て食堂に行く。食堂は平安時代に建てられたが、今の建物は1930年に焼失後、1933年に再建された。

　南から北へ金堂、講堂、食堂とまっすぐに大伽藍が並ぶ。この配置は仏法僧を表し、空海の発想である。金堂には本尊の「仏」、講堂は密教の教え「法」、そして食堂が「僧」、僧が生活のなかに修行を見いだす場であった。

　平安時代から食堂の本尊は千手観音菩薩で四天王とともに国宝であったが、1930年の火災で焼損。本尊は十一面観音菩薩となり、千手観音菩薩は修復後、宝物館に安置されている。焼け焦げた四天王はそのままの姿で、今もなお、新たな本尊を守護している。

　食堂には写経の場が設けられ、四天王を前にして数人、筆を動かしている。写経は五重塔に奉納されるという。

観智院

　北大門を出て、観智院へ向かう。前回見逃してしまった本尊の五大虚空蔵菩薩が目的である。

　北大門から北総門までの参道は、平安時代以来そのままの幅で残っている京都市内ただ一つの小路という。今日はここにも縁日の露店が並び、賑やかである。

　観智院は南北朝時代に創建。密教教学の中心となった東寺塔頭で、書

院や茶室など住房の趣を色濃く残す。順路に従って回っていく。白い砂利に、松、石、苔と、枯山水の庭園が美しい。日本の庭園はなぜか落ち着く。私の性に合っているのだろう。客殿には宮本武蔵筆の「鷲の図」と「竹林の図」が描かれている。

観智院庭園

　本堂に入れば、目当ての五大虚空蔵菩薩が並び、隣に愛染明王が坐る。虚空蔵とは仏の智慧と慈悲の心を無尽蔵に宿していることをいい、日本では、この菩薩を念じれば記憶力が得られると伝えられている。五大虚空蔵菩薩は右から、金剛虚空蔵（獅子座）、宝光虚空蔵（象座）、法界虚空蔵（馬座）、蓮華虚空蔵（孔雀座）、業用虚空蔵（迦楼羅座）で、五尊は蓮台に結跏趺坐し、鳥獣の上に鎮座する。エキゾチックで端整な顔立ちは平べったく、日本古来の仏像と趣が異なる。理知的だが、菩薩のやさしさを感じないのは私だけだろうか。これらは中国の唐時代に造られ、入唐した僧が譲り受けて日本へ持ってきたものといわれる。

宝物館

　北大門に戻り、宝物館に入る。宝物館は今、「東寺御影堂と弘法大師信仰」と銘打って秋期特別公開中。多くの寺宝が展示されている。

兜跋毘沙門天（国宝・唐時代）
　　地天女などの上に立つ西域起源の異形像。羅城門の楼上で都を監視していたという。地天女の左は尼藍婆、右は毘藍婆。
千手観音菩薩（平安時代）
　　食堂の元本尊。1930年に火災に見舞われ、1968年に修復を終え宝物館へ。
地蔵菩薩（平安時代）、夜叉神（平安時代）、地蔵菩薩（平安時代）

　宝物館を出ると、露店はみな閉店し後片付けが行われている。商品を搬

送する車も行き交い慌ただしい。

夕暮れの東寺を後にする

空海の住まいだった御影堂（大師堂）は今年の12月まで修復工事中なのでお参りできない。空海はここで立体曼荼羅を構想し、造営工事の指揮をとったという。今は宝物館の隣に仮設の大師堂が建ち、弘法大師像（国宝）が祀られているが、今回はお参りしなかった。

紅葉ライトアップと金堂・講堂夜間特別拝観のために、定刻にいったん閉門し、1時間半後にまた開門するという。閉門前に最後にと五重塔へ急ぎ、立体曼荼羅を再び拝観し、東寺の外に向かう。

夕飯に九条通の鰻専門店「美登利」を予約していたので、南大門から出たかったのだが南大門はすでに閉門。蓮華門はもちろん閉まっている。空海は入定の時期を予感したかのように、その3年ほど前に東寺を去るのだが、その時くぐった門が、この蓮華門であった。蓮華門は国宝である。

なんとか開いている門を見つけ、東寺の外に出て「美登利」へ向かう。

関西風の鰻の蒲焼を食べ、開門時間が迫ってきたので店を出て東寺に向かう。夜間の入場は慶賀門に限られている。九条大宮の交差点を右折して大宮通を進む。塀越しに光が当たる五重塔が目に入る。わくわくして慶賀門に急ぐが、すでに長蛇の列ができている。列の最後尾につく。京都の夜の冷え込みを心配していたが、今夜はさほど寒くはない。

私の前に並ぶ若い男女は地元の子であろう。紅葉ライトアップは観光客のためだけではない。京都の若者のデートスポットでもあるのだろう。今、観光地のライトアップは多くなったが、私の若い頃は鎌倉にもなかった。せいぜい横浜の「山下公園」か「港の見える丘公園」からの横浜港の夜景が夜のデートスポットだった気がする。

開門されると中に入るまでにそんなに時間はかからなかった。慶賀門をくぐって中へ入る。目の前に色とりどりの光の世界が広がる。

自然のものではなく人工的な美しさなのだが、プロのライティングはさすがである。工夫された照明は紅葉をただ艶やかにするのではなく、幻想

的なまったく別の世界を演出している。特に、宝蔵の掘割や瓢箪池の水面に紅葉が映る情景は幻の世界を夢見ているようである。

　しばらく気の向くまま散策して光に映える紅葉を堪能し、講堂そして金堂を拝観する。

　金堂に入って私は息が止まった。昼間とは別の世界が広がっている。正面から照明が当たり、薬師三尊や蓮の花の影が背面の壁に大きく映る。三尊の表情や陰影はいつもとまったく違い、別の仏像のように見える。特に左斜めからがいい。

　昔の人々のように自然光や灯明の光で仏像を拝むのもいいが、この現代的なライティングのもと、いつまでもここにいたいという誘惑に駆られる。

　金堂を出て、また紅葉ライトアップを散策し、夜の東寺を十分に満喫する。閉門までにはまだ時間を残すが、最終の小田原停車の新幹線に余裕を持って乗るため、慶賀門を出て京都駅へ向かう。

鰻専門店「美登利」 京都市南区西九条 鰻重 4,500円
　ここの蒲焼はもちろん関西風。関東では白焼きを一度蒸してから焼き上げ、ふっくらやわらかい食感に仕上げる。これに対して、関西では「地焼き」といわれ、蒸さずに焼き上げ、表面がパリッと香ばしい。私は皮がぱりぱりした食感を初めて味わうも、関東人の私には少し脂っぽかった。蒸さないから脂が十分落ちないのだろう。

鰻重　　　　　　　　　　　　　　　　鰻の骨せんべい

　今、京都は紅葉シーズン真っ盛りである。テレビ朝日『羽鳥慎一モーニングショー』（12月4日放送）で京都の観光公害が報じられていた。
　紅葉に観光客が殺到し、3時間待ちもざらである。ライトアップをしている寺社は夜まで混雑する。それも嵐山、瑠璃光院、清水寺、永観堂など8箇所に集中している。東寺は含まれていなかった。原因はSNSの普及。いわゆる「インスタ映え」を狙って訪れ、インスタに上げればさらに人が人を呼ぶ。「市民の暮らしを大事にしないと、京都は京都でなくなる」と京都市長は危惧していた。

醍醐寺を訪ねて

2020 年 11 月 26 日（木）

　新型コロナウイルスの感染が急速な拡大を迎えている。懸念されるのは医療体制、重症者用の病床が少ないらしい。Go To トラベルを推奨する中、医療体制強化は十分になされなかったのだろうか。そんな第三波のさなか、迷いはあったが、新幹線に乗り込み京都に向かう。今回は醍醐寺を訪ねる。

　醍醐寺は真言宗の寺であり、密教の色が濃く、修験道の聖地である。これまで室生寺、聖林寺、円成寺、神護寺、泉涌寺など、真言宗の寺を多く訪れてきた私としては真言宗醍醐派の総本山を訪れないわけにはいかない。

　醍醐寺は、醍醐山の山上を上醍醐、山麓を下醍醐として山全体を境内とし、平安前期、空海の孫弟子聖宝が山上に准胝堂と如意輪堂を建立したことに始まる。

　京都駅から琵琶湖線に乗り山科駅へ。山科駅で地下鉄東西線に乗り換え、醍醐駅で下車する。駅の案内図に従い醍醐寺に向かうが分かりにくい。地元の女性に道を尋ね、丁寧に教えていただく。新奈良街道の下をくぐり、奈良街道を渡れば醍醐寺総門の前に立つ。

　まず、塔頭三宝院を拝観する。受付を済ませ、門をくぐれば庭園が奥に広がる。さらに特別御殿拝観料を払い、手指を消毒して建物の中に入る。襖絵など貴重な文化財を拝観しながら庭園を眺める。係の人に「藤戸石はどれか」と尋ねたら、わざわざ案内してくれた。藤戸石は信長、秀吉と受け継がれ、秀吉が聚楽第からここに移したという。いわば権力の象徴ともいうべき石である。そもそもこの庭園は秀吉が「醍醐の花見」に合わせて自ら設計したといわれる。

　棟伝いに護摩堂に入り、楽しみにしていた快慶作の弥勒菩薩を拝む。快慶には運慶の作品よりやさしさがある。〈本像は快慶の初期作品としても著名で、着衣形式や衣文をほぼ左右相称に整理した形式美、弾力のある肉体の存在を感じさせる体全体の構成、それに基づく気品あふれる姿形は、快慶の技量の高さを示している〉（『仏教新発見』12号　2016年　朝日新聞出版）

　三宝院を出て霊宝館に入る。ここは検温まで感染防止が徹底されてい

三宝院庭園 　　　　　　　　　　　　藤戸石

る。国内で醍醐寺ほど密教にまつわる膨大な史料を有する寺院はなく、ここ霊宝館に納められているという。受付で「文化財維持寄付金として500円以上いただいております」と言われる。一口500円とあるので二口寄付しようとして千円札を差し出したら、500円のおつりが返ってくる。

本館には両界曼荼羅図など仏教絵画が多く展示されている。平成館には彫刻が多い。目当ては薬師三尊。中尊は薬師如来、脇侍に日光、月光菩薩。三尊とも平安時代の国宝である。

別棟の仏像棟は無料。ここの目当ては吉祥天、それに五大明王、左から順に大威徳、軍荼利、不動、降三世、金剛夜叉。吉祥天も五大明王も平安時代の重文。他に、大日如来、如意輪観音、千手観音など平安時代の仏像が並ぶ。

仏像棟を出て、フレンチカフェ「ル・クロスゥルスリジェ」に入り、薬膳カレーで昼食とする。

昼食後、仁王門をくぐり受付を済ませ伽藍に入る。金堂、不動堂、真如三昧耶堂、祖師堂、五重塔の順に巡っていく。

国宝金堂には本尊薬師三尊、四天王が祀られる。不動堂には護摩道場が設けられ、今でも柴燈護摩＊が焚かれるという。参道には修験道の開祖といわれる役行者像がある。祖師堂は弘法大師空海、理源大師聖宝を祀る。

＊　柴燈護摩：修験道独自の儀礼で、野外に井桁に組まれた壇木に檜などの葉を積み上げ、
　　そこへ仏菩薩を招き点火する。その火により修験者の煩悩を焼き尽くすとともに、天下

国家安穏、家内安全、五穀豊穣などを祈願する。現在は、寺院の年中行事の時や信徒の諸祈願に応える場合にも行われる。

　五重塔は京都最古の木造建造物で国宝。初重内部には両界曼荼羅が描かれ、密教の根本思想を立体的に図示した最初の例であるという。真言八祖の壁画とともに絵画として国宝に指定されている。初重内部が公開されることはあるのだろうか。

　日月門をくぐって下醍醐の奥へと進む。観音堂、そして弁天堂が建つ。弁天堂の紅葉はくすんでいる。今秋の紅葉は冷え込みが弱く、どこも鮮やかさに欠けるという。

　弁天堂を後にし、上醍醐に向かう。女人堂で受付をして参道の山道に入っていく。ゆるやかに始まる道はやがてつづら折りに変わり、長く続く石段は息が切れる。しばらくして不動明王を祀る不動の滝が現れる。

　この山道は紅葉もなく殺風景である。土留めの階段状の道を上り詰めて

金堂

不動堂

五重塔

弁天堂

参道入口

石段が長く続く

道は左に折れ、少し下って上醍醐
寺務所に出る。門の明かりは灯る
が、人の気配は感じられない。登
山口からここまで1時間ほど。

　参道を進み、清瀧宮拝殿（国
宝）、経蔵跡、薬師堂（国宝）、五
大堂、如意輪堂、開山堂、上醍醐
陵、そして醍醐水に戻る。お堂の
扉はどこも固く閉ざされている。

　薬師堂は平安前期、聖宝が創
建。山上伽藍において最古の建造
物で、数少ない平安時代の貴重な
遺構である。薬師三尊、閻魔天、
帝釈天、千手観音は霊宝館に移さ
れている。五大堂も平安前期、聖
宝が創建。五大明王を祀り、護摩
道場がある。

　如意輪堂も平安前期、聖宝が創
建。懸造。開山堂は平安前期、
醍醐寺初代座主観賢が創建。理
源大師聖宝、弘法大師空海、観賢
僧正が奉安されている。

　醍醐水は地主神がこの霊泉を飲
んで発した「ああ、醍醐味*なるか

不動の滝

清瀧宮拝殿

薬師堂

五大堂

如意輪堂

開山堂

醍醐水

　な」という言葉に、行脚中の聖宝が霊験を受け、ここに庵を結び、准胝・如意輪観音を安置した。これが醍醐寺の由来になったといわれる。醍醐水は今も湧き出ていて、蛇口から掌に取り霊泉をいただく。

　＊　醍醐味：もともと仏語で、仏陀の、最上で真実の教えを表す。それが、「○○の醍醐味
　　　を味わう」のように、物事の本当の面白さ、深い味わいの意に転じる。

　上醍醐は山上も紅葉には恵まれなかったが、美しい夕景に偶然出会うことができた。暗雲から、レンブラント光線と呼ばれる光の柱が何本も出る光景は神々しい。
　上醍醐の参拝者は下醍醐よりずっと少なく、ほんの数人。開山にまつわる上醍醐の地はひっそり静まり返っていた。平日だからというよりやはり山道を避けているのだろう。下山は往路を戻る。
　途中、夫婦連れに出会い挨拶を交わす。夕暮れは近い。灯りはあるものの下りは暗い山道になるだろう。ヘッドランプはあるのだろうか。いらぬ

心配をしてしまう。

　女人堂に戻ると、下醍醐へ入る門はすでに閉ざされ通ることができない。案内に従い回り道をして日没前に仁王門に着く。上醍醐から50分ほど。総門をくぐり、夕暮れの迫る道を醍醐駅へ急ぐ。

忘れられない滝行体験

　密教は現在、発祥の地であるインドではすでに衰退したといわれ、日本の宗派では空海の真言宗と最澄の天台宗に残る。密教を専一とする真言宗は修験道とも深く結びついている。

　私は真言宗の高尾山薬王院で修行体験をしたことがある。そこで初めて滝行に挑戦し、柴燈護摩供も見聞した。2015年初秋に八王子で日本山岳修験学術大会が開催され、最終日に一般の者でも修行体験ができる情報を得、応募した。

　以下、私の滝行体験を記す。

　先達の法螺の合図で不動院を出発し、「慚愧 懺悔 六根 清浄」を唱和しながら琵琶滝に向かう。高尾山では今でも琵琶滝と蛇滝の二滝が水行道場として開放されている。琵琶滝には不動明王、

蛇滝には青龍大権現が祀られる。

　琵琶滝に着くと不動堂は開扉され、不動明王に般若心経を唱える。誓約書にサインし、修衣1枚に着替えて水行道場内に入る。

　まず道場内を清掃。次に作法通り塩と水で右足、左足、右手、左手、頭、体の順に身を清める。頭から水をかぶる時は「えーい」と邪念を払う。道場内に安置された石仏に蝋燭の火を奉納し、滝行の流れや「無理をしない」などの注意を受けて順番を待つ。滝行は一人ひとり行われる。

　私の番が来た。先達の合図で滝壺に入る。滝壺の石に腰を下ろし肩に水が当たる。雨の多い季節ゆえ、水量は多く、滝壺の水深は膝上である。

　傍らの先達の指示に従う。まず二回拍手して「南無大聖不動明王　南無大聖不動明王」と唱え、次に合掌したまま、先達の般若心経の読経が終わるまで「南無大聖不動明王」を唱え続ける。

　読経が終われば、最後に「南無大聖不動明王　南無大聖不動明王　えーい」と手を切る。ここで先達に肩を叩かれ滝行は終わる。

　順番を待って滝壺の前に立っている時は寒さで身が震えていたが、滝壺に入ってから呪文を唱え続ける行が終わるまで、水の冷たさはまったく感じなかった。不思議な感覚である。ただ、行が終わり滝壺から出る時は痺れて足元がおぼつかず、全身が冷え切っていることに気づく。

　私はまたいつかここで、今度は個人で滝行をしてみようと思ったが、まだ実行していない。

関西編

高野山壇上伽藍　金剛峯寺
弘法大師御廟　観心寺　慈尊院

写真：高野山壇上伽藍根本大塔

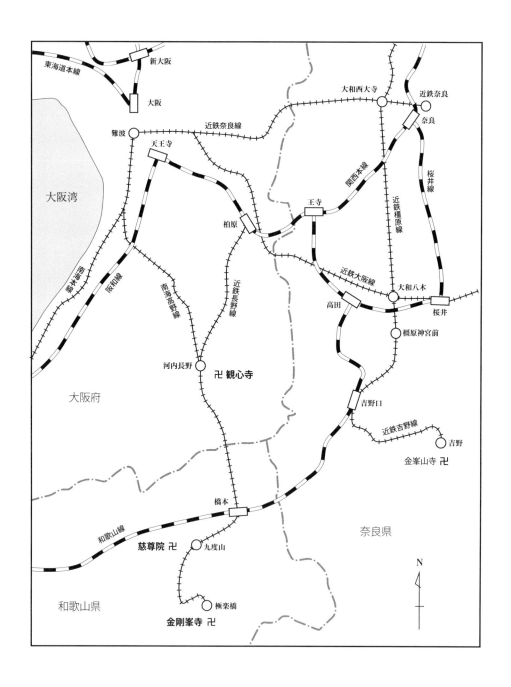

高野山と弘法大師空海（P.97）

如意輪観音菩薩　平安時代　観心寺
（P.101）

大日如来 江戸時代 高野山壇上伽藍 （P.117）

広目天 快慶作 鎌倉時代 高野山霊宝館 （P.118）

高野山　空海を訪ねて

2018 年 11 月 7 日（水）

　昨夜、高野山に入った。吉野山金峯山寺拝観後、橋本駅へ移動し南海高野線に乗り換える。車窓はすでに日が暮れて闇に包まれていた。途中、無人駅で女子高生が一人、電車を降りて家路を急ぐ。眼下に明かりが点々と灯る集落が広がっている。地形は山に囲まれた大きな窪地のようで、女子高生はその窪地の底に下っていくのだろう。

　終点極楽橋駅で下車し、ケーブルに乗り継ぐ。さらにバスで暗い山道を上っていく。こんな山奥に町があるというのか。疑わしく思う私は不意を突かれた。バスは突然、夜の闇を抜け、明るい町並みが現れた。高野山である。高野山は山上に広がる平地のように私には思えた。

　高野山は空海が理想郷を築こうとした宗教都市である。高野山には壇上 伽藍と奥之院の二大聖地があり、西の端大門から東の端奥之院まで約 4 キロメートル。今日は最終日、一日この高野山を巡ろうと思う。

　宿坊を出て、まず高野山の総門大門へ向かう。大門には金剛力士が祀られている。この像は東大寺南大門のそれに次ぐ大きさといわれる。

　山麓の慈尊院からこの大門までの約20キロメートルはかつての表参道、今は 町 石道と呼ばれる。町石は石造の五輪卒塔婆で、慈尊院から壇上伽藍まで180基設置されているという。

　来た道を戻り、壇上伽藍へ。壇上伽藍には根本大塔を中心に、金堂、御影堂、西塔、東塔、不動堂などが建ち並ぶ。

　根本大塔は高野山の象徴で、内陣には大日如来の浄土が表現されている。胎蔵界の大日如来と金剛界の四仏、阿閦・宝生・阿弥陀・不空成就の各如来が安置され、柱には十六大菩薩が描かれている。

　空海が唐からの帰国途上、密

大門

壇上伽藍根本大塔。左は御影堂、右は三鈷の松

西塔

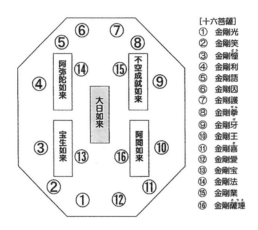

根本大塔立体曼荼羅

[十六菩薩]
① 金剛光
② 金剛笑
③ 金剛幢
④ 金剛利
⑤ 金剛語
⑥ 金剛因
⑦ 金剛護
⑧ 金剛拳
⑨ 金剛牙
⑩ 金剛王
⑪ 金剛喜
⑫ 金剛愛
⑬ 金剛宝
⑭ 金剛法
⑮ 金剛業
⑯ 金剛薩埵

教　道場の地を占うために日本に向けて投げた三鈷杵＊を、帰国後、高野山の松の上に発見し、この地に伽藍を建立することにしたという。もちろん高野山開創にまつわる一つの伝説である。

　その伝説の松が「三鈷の松」と呼ばれ保存されている。針状の松葉はふつう2本か5本が束になっているのに、この松は珍しく3本である。まことしやかな話が伝承されていることが面白い。

　＊三鈷杵：煩悩を打ち砕くために使われる密教法具の一つで、両端が三つの尖った鉾に分かれている。

　霊宝館は壇上伽藍から近く、漆喰の壁の趣のある建物だ。絵画、工芸、

彫刻などさまざまな文化財が展示されている。

　主だったものを挙げると、まず、平安時代の毘沙門天と不動明王。この毘沙門天は鞍馬寺の毘沙門天と同じく宝塔を掲げていない。次に、鎌倉時代の四天王。これは快慶の四天王として現存する唯一のものだという。また、空海が唐から持ち帰ったといわれる諸尊仏龕（国宝）。それぞれの龕に観音菩薩・釈迦如来・弥勒菩薩が表されているとみられる。そして、空海が所持していたものと伝わる金剛三鈷杵。これは飛行三鈷杵ともいい、あの「三鈷の松」伝説の三鈷杵といわれる。

　金剛峯寺はかつて空海が命名した高野山一山の総称であった。現在の金剛峯寺は秀吉が母の菩提のために建立した一つの寺院で、高野山真言宗の総本山に今も変わりはない。しかし、柳の間や奥書院、天皇・上皇が参詣した際に使われた上壇の間など、格式は高いのだろうが、襖絵は貴重な文化財かもしれないが、私には興味を引くものはなかった。

　奥之院に向かう。高野山にはバスも走っているが、弘法大師御廟まで2.8キロメートルの道のり。紅葉を愛でながら歩いていくことにしよう。

　一の橋を渡り、鬱蒼とした杉木立の中、奥之院参道に入る。ここから「墓原」といわれ、歴史的人物やごくふつうの庶民まで、五輪塔を主とする苔生した供養塔が並ぶ。その数、数十万といい、弘法大師への信仰の厚さに驚く。墓碑銘を読んでいく。奥州伊達家、薩摩島津家、石田三成、明智光秀と、戦国武将や大名など教科書に出てくるような名前が次々に現れる。

　中の橋を渡り、さらに参道を進み、御廟橋。ここから一切の撮影が禁止されている。一礼して御廟橋を渡る。

　たくさんの灯が揺れる燈籠堂。そこを回り込めば大師御廟が建つ。たくさんの蝋燭の灯に、たくさんの参拝者。外国人もいれば、四国遍路を終え、般若心経を読経するお遍路さんも。私も蝋燭を灯し、般若心経を唱える。

　空海は835年3月21日、この御廟

御廟橋

に入定された。入定とは真言密教における修行の一つとされ、衆生救済のため即身成仏、すなわち、生きたまま悟りを開き、仏になること。弘法大師は死んではおらず、今も生きているとされる。

　――後日の話であるが、私の母の三回忌にお経を上げに来てくれた横浜久光院（高野山真言宗）のお坊さんがこう言っていた。「21日をお大師さまの月命日というのはふさわしくない。21日にお大師さまはわれわれの前から姿を隠されたのです」。21日にちなみ、毎月20日に行われる縁日を「二十日大師」という。私の生まれ故郷にある川崎大師はもちろん、弘法大師を祀る寺で「二十日大師」は行われている。

　今日はこの後、新大阪駅に戻らなければならない。早めに高野山を下りることにしよう。

　最後に、弘法大師の願文を紹介する。「虚空尽き、衆生尽き、涅槃尽きなば、我が願いも尽きん」。すべての物が尽き果てるまで救いを求める者には必ず手を差し伸べよう。これは高野山における最初の法会で宣言されたもので、いわば空海の決意表明である。

観心寺を訪ねて

2020 年 2 月 18 日（火）

　南海高野線を河内長野で降り、バスで観心寺に向かう。バスは駅を発車して間もなく、住宅の少ない坂道を上っていく。大阪南部の河内長野はほとんどが森林だという。

　大阪、奈良の府県境に位置する葛城・金剛山系の西の麓に観心寺はある。葛城・金剛山系といえば役行者の古里。観心寺の寺伝によれば開祖は役行者だという。修験道の開祖という役行者は葛城・金剛山系で山岳修行を行い、ゆくゆくは吉野の金峯山で蔵王権現を感得し、修験道の基礎を築いたとされる。

　観心寺は真言宗の名刹で、本尊は如意輪観音菩薩（国宝）。私はいつも如意輪観音には心惹かれるが、ここのはその妖艶さにおいて群を抜いているらしい。ものの本には〈ほんのりと赤みを帯びた、白く豊満な体躯。切れ長の目に、引き締まった朱い唇。類まれな官能美〉と、いささか仏像にはふさわしくない言葉が並んでいる。しかし、観心寺の如意輪観音は秘仏であり、一年にわずか二日間しか開帳されない。今日も金堂の厨子の中にその美貌を隠していた。

　観心寺は空海ゆかりの地でもある。ここは高野山と東寺を結ぶ道筋にあり、五木寛之は『百寺巡礼 第六巻 関西』（講談社文庫，2009年）で、〈空海にとって、東寺は真言宗の布教の拠点、高野山は修行の根本道場、そして、両者を結ぶ中間点にある観心寺は真言宗発展のための重要な場所だった。いわば、前進基地みたいなものだといえるだろう〉と書く。私はこれまでに神護寺、東寺、高野山と空海を訪ねてきたが、今ここ観心寺にいるのも何かの縁なのだろう。

　金堂（国宝）の手前に平らな石がある。「礼拝石」と呼ばれ、空海はここに座って北斗七星を勧請＊し、如意輪観音を祀る金堂の周りに七つの自然石を配置して

金堂と礼拝石

星塚一番　貪狼星
樹木の下に祀られた石の一つひとつに梵字が刻まれている

「星塚」を建てた。これは密教の「七星如意輪曼荼羅」を構成したもので、これも一つの立体曼荼羅らしい。

　昔から、この七つの星塚を巡拝して無病息災や厄除けを願う風習があったという。私も巡拝路に従って星塚を巡ってみた。一番から順に、貪狼星、巨門星、禄存星、文曲星、廉貞星、武曲星、破軍星。

　夜空の星は古代の人にとって神秘そのものに感じられたにちがいない。私が北斗七星を初めて夜空に仰いだのはいつのことだっただろう。まったく記憶に残っていない。ただ昔、九十九里浜で夜空に無数の星がまばたき、大きな天の川が横たわり、空と暗い海との境には漁火が輝くのをあきることなく眺めていたことを、星塚を巡りながら思い出していた。

＊勧請：神仏の来臨や神託を祈り願うこと。

　「建掛塔」と呼ばれる建物がある。これは楠木正成にまつわる。観心寺塔頭の一つは代々楠木家の菩提寺で、正成はここで学問を学んだという。私は学生時代、日本史は好きであったが、楠木正成のことはすっかり忘れていた。

　正成は後醍醐天皇の鎌倉幕府討伐計画に応じ、建武の中興に功績をあげたが、足利尊氏が反旗を翻し、後醍醐天皇に忠義を通した正成は尊氏との激戦の末戦死した。

建掛塔

楠木正成首塚

正面は恩賜講堂、右は霊宝館

　寺伝によれば、この建物は正成の構想で初めは三重塔であったが、正成が戦死したため初層だけで中断してしまった。それで建掛塔といわれる。茅が葺かれ、私の目にはとても未完成とは思えない。

　開山堂の隣に、正成の首塚がひっそりと佇んでいる。尊氏の命によって正成の首は菩提寺のここに届けられたと伝わる。

　霊宝館に立ち寄る。入口の正面に小ぶりの如意輪観音が目に入る。本尊の試作と伝えられ、全体の姿勢が本尊とよく似ているのでお前立ちとして造られたと考えられている。他に聖観音、地蔵菩薩、薬師如来、十一面観音など11体の仏像が並び、すべて平安時代に造られ、重要文化財に指定されている。

　今日はあいにくの曇り空、日が翳ると肌寒い。この広い境内にほとんど参拝者はいない。真冬だからか、それとも新型コロナの影響があるのだろうか。

　バスで河内長野駅に戻り、南海高野線に乗って九度山駅へ向かう。今夜の宿は九度山にある。明日はいよいよ高野山町石道を歩く。

高野山　町石道を歩く

2020 年 2 月 19 日（水）～ 20 日（木）

2月19日

　今日は町石道で高野山に上がる。山麓の慈尊院から大門までの山道21キロメートル。一昨年高野山を訪れた時、町石道のことを知り、いつかはと目論んでいた。

　町石とは五輪卒塔婆＊の石塔で、空海が慈尊院までの道しるべとして木の卒塔婆＊を建てたのが始まりとされる。鎌倉時代に朽ちた木の代わりに石造の五輪塔を一町ごとに建て、今は壇上伽藍まで180基が並んでいる。町石道は今も高野山への表参道である。

178 町石

＊五輪卒塔婆：宇宙を構成するとされる五つの要素、地・水・火・風・空をそれぞれ方形・円形・三角形・半月形・宝珠形にかたどり、順に積み上げた塔のこと。それぞれに地・水・火・風・空を意味する梵字が刻まれている。平安中期頃密教で創始され、大日如来を意味したが、のちに供養塔・墓標などとされた。五輪塔ともいう。

＊卒塔婆：今は一般的に、死者の供養のため墓石の後ろに立てる細長い板のことをいう。五輪塔の形を表す五つの刻みを入れ、表裏に梵字・経文・戒名などが記されている。

　宿を出て慈尊院に向かう。ここ九度山は真田幸村ゆかりの地でもある。毎年「真田まつり」が行われ、ＮＨＫ大河ドラマ『真田丸』を記念して真田ミュージアムも開設されたという。しかし今は早朝のせいか、人影は少ない。

慈尊院表門

慈尊院は、高野山開創の時に表玄関として伽藍が建てられ、のちに空海の母の没後、御廟・弥勒堂を建立し、本尊弥勒菩薩を安置した。以後、女人禁制の高野山に対して「女人高野」と呼んで親しまれ、今も女性の参拝者が多いという。本尊は国宝で21年に一度ご開帳される。

　慈尊院の表門から多宝塔が目に入る。表門をくぐれば大師堂、訶梨帝母尊、多宝塔と並ぶ。多宝塔には大日如来が祀られているという。御廟の前には〈高野山町石道参詣登山の方は、出発点である当院の本尊弥勒菩薩さまへお手を合わされ、道中安全・諸祈願をしてからお参りください〉とある。拝堂に入り、安全を祈って合掌する。

　いよいよ出発である。丹生官省符神社へ石段を上っていく。119段の石段の途中に「180町石」が建つ。これが町石の始まりである。ここから壇上伽藍までの180基の町石は胎蔵界の180尊を表すといわれ、参拝者にとって町石自体が信仰の対象で、一町ごとに合掌しながら登山したという。私もそれにならって合掌していこう。

　朱色の二ノ鳥居をくぐって拝殿の前に立つ。この舌を噛んでしまいそうな丹生官省符神社は、空海が慈尊院を開創した際、地元にゆかりのある丹生都比売・高野御子*の二神を祀って建立した。仏教が普及した一因として、このようにその土地の昔からの神を決して否定しなかったところにあると思う。

＊丹生都比売・高野御子：空海が修行の地として高野山を選んだことについて二つの伝説が
　　知られている。一つは「三鈷の松」、もう一つは、この高野御子（高野明神）と丹生都比売（丹
　　生明神）の物語である。

慈尊院多宝塔

丹生官省符神社一ノ鳥居

丹生官省符神社拝殿

180 町石

空海は山中で狩人（高野御子の化身）
に出会い、高野山へと案内され、その
地を治めていた丹生都比売から土地を
譲り受けたというもの。高野御子は
「狩場明神」とも呼ばれている。

170 町石

　神社を出てすぐ179町石を見て、
道標に従い町石道に入っていく。
なだらかな道を展望台に向かう。貯水池を見て174町石。道は170町石から
急な上り坂になり、166町石を見て**展望台**に辿り着く。橋本の町並みが広
がり、眼下に紀の川が流れる。この展望台は「和歌山県の朝日・夕陽100選」
に選ばれている。

▼

　　慈尊院・丹生官省符神社 ― 展望台　1.6km　50分　180〜166町石

　小休止後、雨引山分岐へ向か
う。157町石の先に「←榁蒔石」
の道標を見て寄り道することにし
た。案内板に〈弘法大師が山崎の
集落の貧しさを見かね、この石の
上から榁の種をまきました〉とあ
る。榁の木は木材として大変優

165 町石

れ、実は食用としても、搾って燃料としても使えるという。榧蒔石の次は
「銭壺石」。町石道は鎌倉時代、覚鑁上人の発願により20年の長い歳月を
かけて整備されたという。銭壺石にはそれにまつわる伝承がある。

　156町石から急な山道をしばらく上り、154町石を見て**雨引山分岐**に着く。
「←雨引山」「慈尊院←町石道→大門」の道標が立つ。ここまでに五つの町
石を見逃してしまったようだ。道端の町石はいいが、崖上の町石は樹木に
隠れて見損なう恐れがある。

雨引山分岐への山道

154 町石　半壊した古い町石も残る

▼

展望台 — 雨引山分岐　1.3km／2.9km　45分　165〜154町石

　六本杉に向かい急な山道を進み、150長石から平らな杉林の道が続く。
144長石には一里石も建つ。これは慈尊院からここまで一里の距離を示す。

150 町石

144 町石と一里石

137長石から石段を上り、**六本杉**に着く。ここには丹生都比売神社への道がある。

休憩していると、丹生都比売神社から人が上ってくる。慈尊院に勤めていた人で、定年を迎え、町石道をはじめ地元を歩くようにしたという。今日は初めて丹生都比売神社に参拝してきたと言い、「地

六本杉

元の者はめったに行かない」と笑っていた。今年の夏、仲間と富士山登山を計画しているらしい。

丹生都比売神社の祭神は丹生都比売 命 。空海はこの神の子供、高野明神が放った犬に高野山へ導かれたという話は有名で、以来高野山の守護神として 敬 われている。

▼

雨引山分岐 ― 六本杉　1.8km／4.7km　50分　153〜137町石

慈尊院の人と別れ、136長石を見て二ツ鳥居に向かう。なだらかな道が続く。124長石の先に「←上古沢駅」の道標がある。ここが古 峠 であろう。上古沢は南海高野線の駅、ここへ下る道はエスケープルートになる。また、上古沢に宿泊し、町石道を二日に分けて歩く計画もいいのだろう。

121長石を見れば**二ツ鳥居**である。休憩舎が建ち、眼下にのどかな天野

136 町石からゆるやかな道が続く

127 町石

二ツ鳥居

休憩舎より天野の里を一望する

の里が見渡せる。ここで握り飯の昼食にする。

　大きな二つの鳥居はもともと空海が建立したもので、当時は木であったが、江戸初期、今の花崗岩（か こうがん）になったという。これは丹生都比売神社の鳥居といわれている。

▼

六本杉 ― 二ツ鳥居　1.8km／6.5km　40分　136〜121町石

　二ツ鳥居を後にしてすぐに丹生都比売神社からの道が合わさる。「慈尊院←町石道→大門」の道標も立つ。町石道には道標が完備していて迷うことはない。道標に従い応其池（おう ご いけ）に向かう。

　途中、白蛇（はくじゃ）の岩＊が祀られていた。この岩をお参りして白蛇の姿を見ると幸せになれるとの言い伝えがある。岩に合掌し、しばらく岩の隙間を探してみたが、白蛇を見ることはできなかった。

＊白蛇の岩：垂迹岩（すいじゃくいわ）ともいい、昔、この岩の隙間に入り込もうとしていた蛇を、杖でつついて驚かせた僧が、丹生都比売神社からの帰途、白い大蛇がこの岩の上の木に巻き付いて待ち構えていたという伝説がある。

　僧は自分の非を悟り、丹生都比売神社でご祈祷をして戻って見ると、大蛇はすでに消えていたという。

　白蛇の岩から急坂を短く下ってゴルフ場沿いの道になり、応其池（おう ご いけ）を見てしばらく進めば視界は開け、高台にお堂が建つ。**神田地蔵堂**（こう だ じ ぞうどう）とある。下に神田の集落が広がっている。この地区は古来、丹生都比売神社のご供米（く まい）を

114 町石

神田地蔵堂

作る所と定められていて神田の名がある。応其池は米を作るのに必要な水を確保するために作られたという。

　地蔵堂では女性が一人休憩していた。町石道を慈尊院に向かう、この女性は中国から来たという。といっても、日本の里山が大好きで、日本にもう18年住んでいると流 暢な日本語で話す。よく墨絵に描かれる中国の山岳風景が脳裏に浮かぶ。そうか、中国には日本のような田園風景はないのだろう。

　別れ際、女性は「よかったらどうぞ」と和菓子を差し出した。六本杉で慈尊院の人が勧めていた矢立茶屋の名物「やきもち」である。私は有り難くいただくことにした。女性は、矢立茶屋は毎回閉まっていて、今回三度目にしてようやく手に入れることができたと笑みを浮かべた。

二ツ鳥居 ― 神田地蔵堂　1.0km／7.5km　25分　120〜112町石

地蔵堂でつい長居をしてしまった。先を急いで笠木峠に向かう。

二里石

笠木峠

地蔵堂を発って間もなく二里石。なだらかな道がしばらく続き、またゴルフ場に沿った上り坂になって86町石を見れば**笠木峠**に着く。「←上古沢駅」「長石道→大門」の道標。左に上古沢駅への道が延びる。「←上古沢駅」「矢立→」の古い道標も残る。

▼

　　神田地蔵堂 ― 笠木峠　2.7km／10.2km　70分　111〜86町石

　大門までまだ10キロメートルはあるだろう。予定より40分ほど遅れている。少し焦（あせ）りが出てくる。小休止後、矢立（やたて）へ向けて出発。間もなく狭い上り坂が現れる。昨夜の雪が解けたのであろうか、道はぬかるんでいる。
　今まで町石一つひとつの写真を撮り、攀（よ）じ登れるところは攀じ登ってでも祈るように 掌（てのひら）で町石に触れてきた。しかし、この調子では大門に何時に着くか分からない。76町石からは写真撮影をはしょることにして足取りを速める。71町石を見て気づいた。三里石を見逃（みのが）したようだ。時間に余裕があれば戻って探すところだが、そうはいかない。
　上りは短くあるものの徐々に道は下り、高度を下げていく。61町石を見て国道に出れば、60町石が建つ**矢立**である。矢立の交差点は六差路か、国道370号に町石道が交わり、国道480号も合わさり、紀伊細川（きいほそかわ）駅への道も延びる。車の行き来は少ない。

81町石

61町石。矢立はもうそこである

　国道を横断して矢立茶屋に入り、やきもちを買ってザックにしまう。茶屋の外のベンチでお茶を入れ、中国の女性からいただいたやきもちを食べ

る。美味い。ほんのり甘く食感がいい。

▼

笠木峠 ― 矢立　2.7km／12.9km　55分　85〜60町石

　矢立から町石道に入って間もなく59町石。六地蔵も祀られている。57町石まで丸太の土留め階段を上っていく。

　55町石の先に苔生した岩を見る。「袈裟掛石」である。弘法大師が袈裟を掛けられたといわれており、この石からは高野山の清浄結界となる。鞍のような形をしていることから「鞍掛石」、また、この石の下をくぐれば長生きするとも言い伝えられていることから「くぐり石」とも呼ばれている。

　時間もないのに、長生きするなら素通りはできない。まず腹這いになってくぐろうとしたが、肩がつかえて行きづまる。次に横這いになってやってみる。途中でつかえて二進も三進も行かなくなり、誰にも発見されず凍死する滑稽な姿が頭をよぎったが、あっさりくぐれてしまった。一人悦に入り袈裟掛石を後にする。

丸太の土留め階段を上っていく

55町石と袈裟掛石

袈裟掛石

▼

矢立 ― 袈裟掛石　0.6km／13.5km　12分　59〜55町石

裟裟掛石の次に押上石がある。
これも空海の伝承を伝える。空海
の母が結界を乗り越え入山しよう
として激しい雷雨に襲われた。そ
の時、空海はこの大石を押し上げ
母親をかくまったと伝わる。

押上石

　押上石の先で、高校生らしき若
者３人が大門の方から下ってきた。
「今ここはどのへんですか?」。聞
けば、よく分からずにここまで下っ
てきてしまったようだ。大阪に戻り
たいと言う。矢立まで行けば南海
高野線の駅に下る道はある。しか
し日暮れは近い。「懐中電灯持っ
てる?」「スマホのライトがある」と
心許ない。「とにかく矢立に下って
茶屋の人に相談しなさい」と伝えて
別れたが、今思うに、大門まで戻っ

50町石

たほうがいいとアドバイスすればよかったか。大門にはまだバスがあるかもし
れない。彼らは無事に大阪に戻れたであろうか。
　３人の若者と別れ、ゆるやかな上りが続いて**国道**に出る。疲れからか焦
りからか、気が散漫になっている。裟裟掛石からここまで町石をいくつか
見逃してしまったようだ。

▼

裟裟掛石 ― 国道　1.6km／15.1km　40分　54〜41町石

　小休止後、国道にある三つの町石はパスして国道を横断し町石道を進む。
町石道はこのあと国道に沿って大門まで続いている。急坂を短く上って展
望台に出る。地元の人らしき男性が一人休憩している。足を止めて挨拶を
交わし、少し話し込む。
　葛城山という山はなく、最高峰金剛山一帯を葛城山系と呼んでいること。

34 町石

22 町石

16 町石

大門

大門まであと１時間ほどかかること。途中、橋の上に雪が残り凍結しているかもしれないことなど、情報を得る。

　すでに計画より１時間は遅れている。下調べでは大門まであと１時間半はかかるはずだ。もう町石一つひとつを確認していく余裕はない。先を急ぐ。四里石も見ていない。鏡石では足を止める。表面が鏡のように平らなことから鏡石と呼ばれ、この石に向かって真言を唱えると心願成就するといわれている。これも空海の伝承にまつわる岩らしい。

　日暮れが迫っている。念のためザックからヘッドランプを出し首にかける。やがて道は沢沿いになって気温はぐんと下がり寒い。雪がちらほら残るが、橋の上の雪は凍ってはいなかった。

　徐々に道は沢から離れ上っていく。しばらくして足が止まり溜息を吐く。今までにない急坂が目の前にある。上から車のエンジン音がかすかに聞こえてくる。国道である。ここを上れば大門なのだろう。大門までの最後の上りはきつい。一歩一歩足を運ぶしかないだろう。それにしても辛い。

大門はもうすぐそこだ。やっとの思いで急な土留め階段を上り国道に飛び出る。日はすでにとっぷりと暮れ、暗闇の中、目の前にライトアップされた大門が浮かび上がる。思わず息を呑む。今までの苦労が報われたような気がする。

　実はここまで町石道を歩いてきて、かさかさという足音のような音を耳にし、誰かが私の後を付いてくる気配を何度か感じていた。弘法大師空海が私に付き添ってくれているのだろう。音の正体は小鳥と分かってはいても、そう思うことにした。

▼

国道 ― 大門　3.6km／18.7km　100分　40〜7町石

　大門は金剛力士像を安置した高野山の総門である。ここから今夜の宿坊までは町中の平らな道なので長い休憩としよう。足を止めじっとしていると寒さが身にしみる。国道の温度計は1.4度を示している。
　宿坊に遅れる旨電話し、フリースの帽子をかぶり、毛糸の手袋を着けて宿坊へ向かう。町石道はこの先の壇上伽藍がゴールで、そこに1町石が建つのだが、もう暗いので町石を探すのは明日にしよう。
　歩道には雪が残っている所もあり、それが凍っていて滑りやすい。実は、昨夜は雪予報が出ていた。九度山の宿の主もそれを心配していたが、九度山では降雪がなく、九度山より気温が低い高野山もさほど降らなかったようである。もし町石道にいくらかの積雪があったら、この計画は断念せざ

中門

根本大塔

るを得なかったかもしれない。

　壇上伽藍に着く。観光客や参拝者は一人もいないのに中門も根本大塔もライトアップされている。めったに見られない光景を写真に収め、宿坊へと急ぐ。

▼

大門 ─ 壇上伽藍　0.7km／19.4km　15分　6〜1町石

　私は町石道を完歩する自信はあった。毎年秋に催される地元小田原のツーデーマーチに毎回エントリーし、一日20キロか30キロコースを歩き通していたので。町石道は山道だから一抹の不安はあったが。

　ツーデーマーチと同じく、勝敗も順位もない町石道は私の性に合っている。そもそも若い頃から歩くことが好きだった。体力や精神力を鍛えるためではもちろんなく、ただ歩くことが楽しかったのだ。

　こうして町石道を壇上伽藍まで歩き通して、もちろん疲労感はあるが達成感のほうが上回っている。

　ツーデーマーチは完歩証明書とメダルのご褒美はあるが、今日のご褒美は宿坊の精進料理とお酒である。昔は精進料理といえば「がんもどき」を思い浮かべたが、今は豪華で美味しい。

　私は彩り豊かな精進料理を前に、日本酒で一人祝盃をあげた。

2月20日

　高野山は山上の平地で高野町という一つの町である。比叡山と違って、堂塔伽藍だけでなく役場や学校、コンビニまであるごくふつうの町である。一般の人々もここで生活している。宿坊の朝の勤行＊の後、住職はこう話していた。「高野町は金剛峯寺の門前町ではなく、明治になって女人禁制が解け、僧侶の他に多くの人々がここに移り住み、一つの宗教都市を形成しました」と。

＊　勤行：仏前で、一定の時を定めて行う読経・回向(自分の修めた功徳を他にも差し向け、自他ともに悟りを得るための助けとすること)など。

　高野山を訪れたのは二度目である。前回は一昨年、日が暮れてから南海

116

高野線の終点極楽橋駅に着き、ケーブル、バスと乗り継ぎ高野山に入った。翌日、大門から壇上伽藍、霊宝館、金剛峯寺と巡り、奥之院の弘法大師御廟まで行った。今回は、壇上伽藍から奥之院までの町石道を辿るのが目的である。この間に36基の町石がやはり一町ごとに並んでいる。

　宿坊を出て、まず壇上伽藍に向かう。高野山も人がほとんどいない。国道を行き来する車も少ない。やはり新型コロナの影響だろう。団体観光客の姿はまったくない。外国人はまばらである。

壇上伽藍

　中門をくぐってまず金堂へ。次に六角経蔵から西塔へ。そして御影堂を見て根本大塔へ。高野山の中心は壇上伽藍と奥之院、そして壇上伽藍の中心が根本大塔である。外観は、落ち着いた金堂や西塔とは対照的に色合いは鮮やかである。もちろん現在のは火災で焼失したため再建されたものだが、創建当初もこんな色彩だったのであろう。

　ものの本によれば、この色合いは古い中国で信仰された四神の影響を感じるという。青龍の青、朱雀の朱、白虎の白、そして玄武の黒である。

　根本大塔の扉を開け中に入る。参拝者は私一人である。内陣も極彩色に溢れ、大日如来の浄土が立体曼荼羅で表現されている。胎蔵界大日如来と金剛界の四仏、阿閦・宝生・阿弥陀・不空成就の各如来が安置され、柱には十六菩薩が描かれている。

　中門に戻り、慈尊院側1町石を探す。それは中門を出て右、国道沿いにあった。根本大塔に戻り、金剛峯寺方面に向かうと、愛染堂の前に奥之院

西塔

御影堂

慈尊院側1町石

奥之院側1町石

　側1町石が建っていた。ここが奥之院まで延びる町石道の始まりである。
2町石、3町石と見て、4町石で国道に出て、ここから町石道は国道になる。

霊宝館

　ここでいったん国道を壇上伽藍方面へ戻り、霊宝館に立ち寄る。霊宝館
も閑散_{かんさん}としている。
　快慶_{かいけい}作の仏像が6体展示されている。執金剛神_{しゅうこんごうじん}*1、深沙大将_{じんじゃだいしょう}*2、そし
て持国天_{じこくてん}、増長天_{ぞうちょうてん}、広目天_{こうもくてん}、多聞天_{たもんてん}の四天王。これほど多く快慶の仏像
を展示する所はおそらく他にないだろう。
　柴門_{さいもん}ふみが快慶の仏像について自著『ぶつぞう入門』でこう述べている。〈期
待していた快慶の孔雀明王像は展示されていなかったが、快慶の手による四
天王像は霊宝館本館の放光閣内部に置かれていた。彫りの立った感じとか、
細部まで行き届いた神経がいかにも快慶である。中でも広目天_{こうもくてん}の衣の袖部
分の躍動感はさすがだ。でも、いつも感じるのだが、快慶は劇画的、絵画的す
ぎて宗教的ありがたみに欠ける気がする〉。柴門ふみは運慶ファンである。
　なお今回は、空海が唐から持ち帰ったといわれる諸尊仏龕_{ぶつがん}（国宝）、空
海が所持していたと伝わる金剛三鈷杵_{さんこしょ}は展示されていなかった。

---

*1　執金剛神_{こんごうしょ}：手に金剛杵を持ち、仏法を保護する夜叉神_{やしゃじん}。本来は一つの神格であるが、
　　日本では多く二神一対として寺門の左右に置かれる。一般に半裸の力士像で、仁王と
　　もいう。

2町石　　　　　　　　　　　　　　　　　6町石

*2　深沙大将：仏教守護神の一。砂漠で危難を救うことを本誓とする鬼神で、病気を癒し、
　　魔事を遠ざけるという。像は忿怒の相をし、全身赤色で左手に青蛇をつかみ、右のひ
　　じを曲げて手のひらを上げる。「般若経」を守護する十六善神の一とする。

　4町石まで引き返し町石道に戻る。4町石の先に**金剛峯寺**が建つが、今回は拝観しなかった。高野山に来て総本山をパスしたのは、私には魅力が感じられなかったからだ。現在の金剛峯寺は秀吉が母の菩提のために建立したもので、「柳の間や奥書院、天皇・上皇が参詣した際に使われた上壇の間など、格式は高いのだろうが、襖絵は貴重な文化財かもしれないが、私には興味を引くものはなかった」と、一昨年の感想にある。

　5町石は金剛峯寺と国道を挟んだ如意輪寺山門に、7町石は高野山宿坊協会前に建つ。

▼

壇上伽藍 — 高野山宿坊協会前　0.7km　1〜7町石

　8町石を見て、**金剛三昧院**に立ち寄る。国道から一筋奥まった金剛三昧院は金剛峯寺の塔頭で、宿坊も兼ねている。北条政子が頼朝と実朝の菩提を弔うために建立したといわれる。本尊は愛染明王。ここの多宝塔は国宝である。境内には雪が残り、参拝者の姿もなく静まり返り寒々としている。

　国道に戻り、町石道を進む。13町石で**苅萱堂**に立ち寄る。ここは昨夜宿泊した宿坊の側である。苅萱道心と石童丸伝説のゆかりのお堂で、堂内にはこの伝説を絵にした額がいくつも掛けられている。苅萱堂には特に私の

金剛三昧院山門

金剛三昧院多宝塔

11町石

一の橋。17町石

目を引くものはなかった。

　苅萱堂を出て国道と分かれ、間もなく17町石が建つ**一の橋**に着く。ここから奥之院参道である。黄色の袈裟を着けた若い修行僧の一団が一の橋を渡って奥之院に向かっていく。

▼

高野山宿坊協会前 ── 一の橋　0.9km　8〜17町石

　修行僧のように礼拝して一の橋を渡り、鬱蒼とした杉木立に囲まれた奥之院参道を進んでいく。参道の両側には樹齢1000年を超えると思われる杉の巨木が立ち並び、20万基ともいわれる五輪塔を主とする供養塔が建立されている。「墓原」と呼ばれ、武田信玄や上杉謙信など、歴史上の人物のものが多い。

　供養塔や石灯籠も多く建ち、それに紛れて町石は見逃しやすい。明智光秀の墓所を見て間もなく、**中の橋**に着く。

19 町石

中の橋

▼

一の橋 ― 中の橋　0.9km　18〜25町石

　中の橋を渡り、奥之院へと進む。参拝者は少ないが、私と同じように歴史上の人物の墓所を探している者もいる。参道から少し奥まった所にある織田信長の墓所からほどなく**御廟橋**に着く。正面に燈籠堂が目に入る。果てしなく長く感じられた参道もここで終わる。

27 町石

御廟橋

上杉謙信廟

石田三成墓所

明智光秀墓所 　　　　　　　　　　　　織田信長墓所

　それにしても武田信玄に上杉謙信、明智光秀に織田信長と、亡くなって
しまえば敵味方もないのだろう。むしろ弘法大師への信仰の厚さを物語っ
ている。また、比叡山に続いて高野山も焼き討ちしようとした織田信長の
墓所があるとは高野山の懐の深さであろうか。

中の橋 ― 御廟橋　0.8km　26〜34町石

　深々と礼拝し御廟橋を渡る。ここから弘法大師空海の霊域である。一切
の撮影が禁じられている。燈籠堂を通り、**弘法大師御廟**の前に立つ。ここ
で町石道も終わる。
　御廟にはたくさんの蝋燭の灯が揺れ、合掌して一心に祈り続ける人もい
れば、四国遍路を終えたお遍路さんの姿もある。同行二人といって、四
国巡拝にはいつも弘法大師が寄り添ってくれているという。だから巡拝
を終えればここに弘法大師を返しに来なければならないといわれる。

御廟橋 ― 弘法大師御廟　0.1km　35，36町石

　私も蝋燭を灯し、線香を手向ける。空海への畏敬の念を込めて般若心
経を唱え、「南無大師遍照金剛、南無大師遍照金剛」と結ぶ。
　「遍照」とはあたりくまなく照らすこと。「金剛」とはきわめて堅固であ
ること。空海は諸国を行脚し密教の教化に務め、入定成仏したことか

ら、「遍照金剛」と呼ばれている。

　参道を戻り、中の橋で町石道と別れ、国道の「奥ノ院前」バス停に向かう。高野山への参詣道は主に七つあって「高野七口」と呼ばれている。今回辿った慈尊院からの町石道もその一つである。来年とは言わないまでも、またいつか高野山に来よう。その時は別の参詣道で。こんなことを思いながら、「奥ノ院前」で「高野山駅」行きのバスを待っていた。

　パンフレット『高野山町石道を訪ねて』は優れものである。地図に慈尊院から奥之院までの216基の町石や、おまけに奥之院参道の歴史上人物の墓所の位置まで示されており、大変役に立った。私は、九度山の宿の主にこれをいただいたが、慈尊院にも常備されている。

　慈尊院から壇上伽藍までの町石道21キロは、標高差はさほどなく700メートルほど。私は町石一つひとつを写真に収め、一つひとつにお祈りしていたので、10時間20分ほど要してしまったが、歩くことに専念すれば、ふつう7〜8時間の行程だろう。

丹生官省符神社より
休憩は1時間毎に約5〜10分、食事を30分間とした行程

展望台（164町石）まで	約30分
六本杉（137町石）まで	約90分
二つ鳥居（120町石）まで	約140分
矢立（60町石）まで	約5時間
大門（8町石）まで	約7時間
大塔（1町石）まで	約7時間20分

（「丹生官省符神社」ホームページより）

高野七口

　高野山は2004年、「紀伊山地の霊場と参詣道」として世界遺産に登録されている。

　高野山への七つの参詣道は、昔から多くの人々が行き交い、現在はハイキングコースとしても人気を集めている。

　1. 大門口（町石道）
　2. 不動坂口（京大坂道）
　3. 黒河口（黒河道）
　4. 龍神口（有田・龍神道）
　5. 相ノ浦口（相ノ浦道）
　6. 大滝口（小辺路）
　7. 大峰口（大峰道）

　高野七口については、「高野七口再生保存会」および「和歌山県伊都振興局」のホームページに詳しい。

鎌倉Ⅰ編

円覚寺　浄智寺　円応寺　建長寺　浄光明寺　寿福寺　鎌倉国宝館
光明寺　長谷寺　高徳院　成就院　極楽寺　田谷の洞窟
明王院　浄妙寺　杉本寺　来迎寺　鶴岡八幡宮

写真：建長寺半僧坊

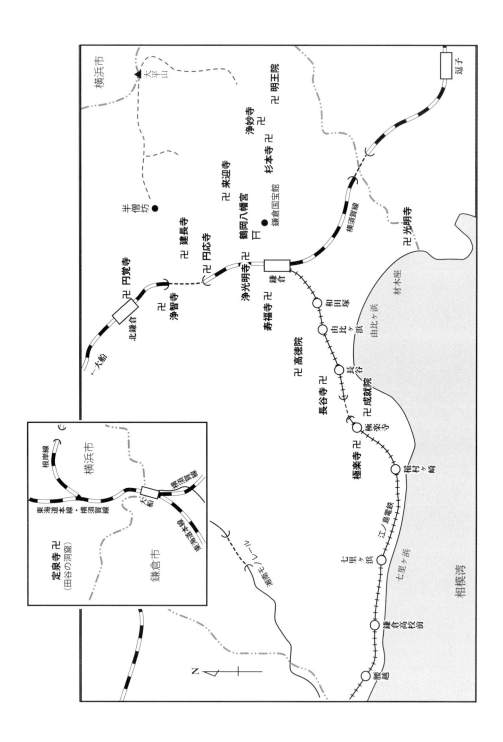

宝冠釈迦如来　鎌倉時代　円覚寺（P.130）

地蔵菩薩　室町時代　建長寺（P.134）

閻魔大王　鎌倉・江戸時代　円応寺（P.133）

阿弥陀如来　鎌倉時代　浄光明寺（P.136）

鎌倉は地元です。若い頃、川崎に住んでいた私は何度か鎌倉に訪れたことがあります。横浜に次ぐデートスポットでもありました。現在の伊勢原からでも電車を乗り継げば1時間半ほどの距離で、鎌倉は日帰りで散策することができます。

　鎌倉は奈良や京都と比べて歴史は浅く、仏像はほとんど鎌倉時代以降に造られたものです。お勧めの仏像といっても、高徳院の鎌倉大仏、円覚寺の釈迦如来、建長寺の地蔵菩薩、浄光明寺の阿弥陀如来と、そう多くありません。

　建長寺や円覚寺が有名だからでしょうか、鎌倉の寺院の宗派は禅宗（臨済宗）のイメージが強いのですが、現在、日蓮宗が圧倒的に多く、次いで臨済宗、真言宗、浄土宗と続きます。

　鎌倉時代、武家政権は京都の公家政権に対抗意識が強く、権力の強化を図るため、中国の僧、蘭渓道隆や無学祖元を招いて建長寺や円覚寺を創建し、臨済宗を強力に支援しました。そして臨済宗は隆盛を誇り、当時の仏教界をリードしていったといいます。

　なぜ臨済宗は武家政権に受け入れられたのでしょうか。それは、他者に依存せず自分の力で精神の安定を獲得するという禅宗の精神が、武士の気性にぴったり合ったからといわれます。

　今年2022年、NHK大河ドラマで『鎌倉殿の13人』が放映されています。ご存じの方も多いと思いますが、三谷幸喜の脚本で、鎌倉幕府の2代執権北条義時を主人公に平安末期から鎌倉初期までの権力闘争が描かれています。

　第2代将軍 源 頼家を出家させ、幼い 源 実朝を第3代将軍に擁立し、補佐役として義時の父時政が初代執権に就任し実権を握っていきます。以後、北条氏が執権を世襲していくのですが、執権は将軍を凌ぎ、幕政を統轄した最高権力者でした。

　『鎌倉殿』の放映が、ちょうどこの「鎌倉編」の原稿を編集している時期と重なったこともあり、私は鎌倉を主舞台にしたこのドラマを、毎週とても興味深く見ています。

鎌倉散策（一）

2015 年 4 月 16 日（木）

　横浜駅に出て、JR横須賀線に乗り換え、北鎌倉駅へ向かう。北鎌倉駅で降りれば円覚寺はすぐそこである。

円覚寺
<ruby>円覚寺<rt>えんがくじ</rt></ruby>

　1282年、第8代執権北条時宗創建、開山は無学祖元。鎌倉五山*第二位。JR北鎌倉駅を出て、白鷺池の池畔を通り総門へ向かう。白鷺池は水面に木立の影を映し、線路と車道に挟まれているのにひっそりと落ち着いている。横須賀線が境内を横切り、参道が分断されているものの、ここも円覚寺の境内である。

*鎌倉五山：鎌倉にある臨済宗の寺院の寺格で、室町幕府足利義満の時に定められた。建長
　　寺を筆頭に、順に円覚寺、寿福寺、浄智寺、浄妙寺の五大寺である。

　総門をくぐり、石段を上がれば三門がでんと構える。格調高い建物で正式には「三解脱門」といわれる。ここで諸々の煩悩を取り払い、仏殿の本尊をお参りしなければならないとされる。いわゆる娑婆世界と仏の世界の境である。楼上には十一面観音、十二神将、十六羅漢が祀られているらしい。
　三門を抜ければ広場で、正面に仏殿が建つ。私は円覚寺に来た時は、この広場でよくベンチに座り休憩する。鎌倉街道の喧騒を逃れ落ち着くからだ。
　仏殿に入り、大きな本尊宝冠釈迦如来を拝見する。蓮華の台座を含めれば優に3メートルは超えている。菩薩のように宝冠やきらびやかな装身具を着け、華やかな釈迦如来である。これは禅宗特有のものらしい。
　仏殿を出て妙香池を通り、正続院、佛日庵、黄梅院と、順に塔頭を巡る。
　妙香池は夢窓疎石作と伝わる庭園で「虎頭岩」と名づけられた岩がある。正続院は入口に「座禅道場ニ付キ立入禁ジマス」と書かれ、非公開の舎利殿（国宝）や開山堂がある。佛日庵には地蔵菩薩が安置され、お堂が開扉されていたので門外から合掌する。黄梅院は聖観音菩薩が祀られる。

白鷺池

三門

正続院

黄梅院

白鹿洞

方丈の境内には石仏が並ぶ

　参道を戻り、方丈に向かう。途中、白鹿洞と言われる洞穴がある。無学祖元が開堂供養の説法を行っていると、この洞穴から白鹿の群れが現れ、耳を傾けたという。釈迦が初めて説法を行った鹿野苑にちなんだ物語であろう。円覚寺の山号「瑞鹿山」はこれに由来する。五木寛之は言う。〈高僧の教えに群れをなす白鹿の姿や地中から経典が現れるという場面は、物語としてこころに残る。寺の縁起というものは、それでよいのだと思う。

こうした説話が豊富な寺には夢があり、それが寺の奥行きと陰影をなしているような気がする〉（『百寺巡礼　第五巻　関東・信州』）（講談社文庫，2009年）。

　方丈は昔住持の住んだ建物らしいが、境内に並ぶ石仏に目が引かれ、中には入らなかった。石仏は表情を見ているだけで楽しい。

　「洪鐘」（国宝）といわれる梵鐘に立ち寄る。鎌倉三名鐘の一つで、「風調雨順　国泰民安」の文字が刻まれている。鎌倉三名鐘のあと二つは建長寺と常楽寺の梵鐘である。

　最後に、塔頭の一つ帰源院を訪ねる。ここは夏目漱石や島崎藤村が坐禅をしたことで知られる。拝観はできない。

　総門を出て踏切を渡り、鎌倉街道を「明月院」バス停を見て右に折れ、しばらく進めば浄智寺である。

浄智寺

　1281年頃、第10代執権北条師時創建、開山は兀庵普寧他。鎌倉五山第四位。

　総門、山門と続き、境内は広い。山門の上層は鐘楼を兼ねていて珍しいという。

　仏殿の曇華殿に本尊・三世仏が安置され、左から阿弥陀如来、釈迦如来、弥勒菩薩、それぞれ過去、現在、未来を象徴する。

　境内には石仏が点在し、洞窟に七福神の一つ、布袋像が祀られ、触ってお参りするとあって、ふっくらしたお腹が触りやすいのか、黒光りしている。

　開山の一人、兀庵普寧で思い出したことがある。「ゴタゴタ」という言葉は仏教語で兀庵に由来することを。『さすらいの仏教語』（玄侑宗久，中公新書，2014年）を開いてみる。禅道場で兀庵和尚にふっかけられた問答になかなか透してもらえず、〈「まったくゴッタン和尚は難しい。何を言っても

総門

透してくれない」そのうち誰言うとなく、難しく厄介なことに出遭うと「ゴッタン和尚みたいだ」「ゴッタン、ゴッタンしてるね」なんて言いだし、やがてそれが「ゴタゴタ」に縮まったというのである。ウソみたいな話だが、どうやら本当らしい〉とある。なお、兀庵和尚は建長寺第二世住職である。

　鎌倉街道に戻ってさらに建長寺方面へ進む。次の円応寺の前に、横須賀線の踏切を渡り、建長汁が名物の店でけんちん蕎麦と紫陽花ご飯の昼食とする。

　円応寺は鎌倉街道を挟んで建長寺の反対側に建つ。

円応寺

　1250年創建。由比ヶ浜にあった閻魔堂が材木座に移転し、江戸中期、大地震の津波により建物が倒壊したことによって現在の地に移されたといわれる。
　閻魔堂には、平安末期に末法思想とともに広く浸透した十王思想*に基づいた十王が祀られている。
　閑散とした閻魔堂に入れば十王を前にして身が引き締まる。正面に本尊閻魔王が坐り、その右に五官王、左に変成王。右側は宗帝王、秦広王、左側は泰山王、平等王、都市王、五道転輪王が並ぶ。初江王は現在、鎌倉国宝館にある。
　子供の頃、「嘘を吐くと閻魔さまに舌を抜かれるよ」と言われた閻魔王に初めて対面する。赤い顔で目を見開いて睨み、口もかっと開いて歯を剥き出している。十王の主の貫禄十分である。
　手元のガイドブックに閻魔王は運慶作とあったので、ここを訪れたのだが、残念なことに運慶の作ではないらしい。フリー百科事典『ウィキペディア』によると、江戸前期、補修を行った際、胎内から文書が発見され、1250年の作であることが分かった。1250年には運慶は没しており、運慶作は伝承にすぎないという。

　＊十王思想：人は亡くなると冥界にいる10人の王から順に生前の行いの審判を受け、来世が
　　定められると考えられていた。初七日、十四日、…と、三回忌まで十王が分担され、閻魔
　　王は三十五日を司る。

閻魔王に合掌し、円応寺を出て鎌倉街道を渡り、建長寺へ向かう。

建長寺

1253年、第5代執権北条時頼創建、開山は蘭渓道隆。臨済宗建長寺派の大本山で鎌倉五山第一位。

三門には漆黒の額が掲げられ、「建長興国禅寺」と彫られた金色の文字が晴天の下、輝いている。楼上に釈迦如来や五百羅漢が安置されているが拝観はできない。五木寛之は特別に許可を得て楼上に上がったらしく、ここで『百寺巡礼 第五巻 関東・信州』より引用する。

〈三門の上にこれほどの仏像が安置されているとは思わなかった。……正面にある数段の壇上の中央に、釈迦如来坐像が安置され、その上下左右に五百羅漢像がずらりと並んでいる。どれひとつとっても、同じ表情や同じ格好はしていない。すべてが個性的だ〉

鎌倉三名鐘の一つで国宝の梵鐘を拝見し、三門をくぐって仏殿に向かう。仏殿の前に柏槇の木がある。樹齢760年の巨木で、創建時、蘭渓道隆が祖国中国・宋の種を蒔いたとされる。異様な形をしている。

仏殿には本尊地蔵菩薩が祀られている。禅寺の本尊は釈迦如来が多い中、建長寺の本尊が地蔵菩薩なのは、かつてこの地が処刑場で、死者を葬る土地だったことからといわれる。

地蔵菩薩は蓮華の台座に坐り、大きさは円覚寺の本尊に勝るとも劣らない。地蔵菩薩というと、凛々しい顔立ちの僧をイメージするが、ここのは

三門

柏槇

表情に迫力が感じられ、衣は台座から長く垂れ下がり、とにかく大きいのだ。

伽藍配置は中国の禅宗様式が取り入れられ、総門、三門、仏殿、法堂、方丈が一直線に並ぶ。

法堂は住持が仏に代わって僧侶に説法を行うお堂で、鎌倉五山の中で法堂が残されているのはここだけという。千手観音菩薩が安置

仏殿

され、天井には「雲龍図」が描かれ、「龍が修行僧に法の雨を降らす」とある。また、千手観音の前にパキスタンより寄贈された複製の釈迦苦行像が坐る。

方丈は「龍王殿」ともいい、禅宗様庭園は蘭渓道隆の作といわれる。

天源院、正統院、回春院と塔頭を巡り、半僧坊へ向かう。天源院は本尊十一面観音菩薩。山門までの参道の緑が美しい。正統院は本尊文殊菩薩、回春院も文殊菩薩。

急な長い石段を半僧坊へ上がる。ここには建長寺の鎮守・半僧坊大権現が祀られている。石段には天狗や烏天狗の像が数体並んでいた。半僧坊からの展望が素晴らしいというが、今日は空が霞み、富士山、相模湾は望めなかった。ここは天園ハイキングコースの入口でもある。

半僧坊を後にし、総門まで一気に下って建長寺を出る。鎌倉街道を少し

天源院

回春院

急な石段を見下ろす

半僧坊

戻り、亀ヶ谷坂切通＊を通って浄光明寺へ向かう。

＊切通：山を掘削し、人馬の交通が行えるようにした狭い道のこと。鎌倉は山と海に囲ま
　れた天然の要害であり、侵入者を防ぐため切通をつくって山からの入口を限定した。鎌
　倉にはかつて七つの切通があり、「七切通」「七口」と呼ばれた。

浄光明寺

　1251年、第6代執権北条長時創建、開山は真阿上人。真言宗。鎌倉の真言宗の寺院はここ浄光明寺の他に成就院、覚園寺、明王院などがある。

　本尊阿弥陀三尊の拝観は木・土・日曜・祝日に限られ、これに合わせて、今回木曜日にした。

　山門を入ると客殿、庫裏、鐘楼、不動堂が並び、その裏の一段高くなった所に阿弥陀堂と収蔵庫がある。阿弥陀堂に阿弥陀、釈迦、弥勒の三世仏が祀られ、収蔵庫に阿弥陀如来、観音菩薩、勢至菩薩の阿弥陀三尊が安置されている。

　本尊・阿弥陀如来は説法印を結び、宝冠を頂く。宝冠を身に着けた阿弥陀如来は珍しく、「印相こそ違いますが、大日如来のようですね」と言うと、「鎌倉国宝館に

不動堂

展示された時、阿弥陀如来に宝冠はふさわしくないと取られてしまった」と案内の方が笑って答えた。また、珍しく爪を伸ばしていることや、肩、袖、脚などに「土紋」という装飾が施されていることなど、話を伺った。——土紋とは鎌倉の仏像に特有の技法で、土を型抜きして花などの文様をつくり、貼りつけたものである。

　案内の方に礼を言い、裏の狭い階段を上がって山道を行くと、岩壁のやぐら＊に石造地蔵菩薩が祀られている。この地蔵菩薩には漁師の網にかかり海中から引き上げられたとの伝承があり、「網引地蔵」と呼ばれる。こういった伝承は多く、地元伊勢原の茶湯寺本尊・釈迦涅槃像にもある。「こうした説話が豊富な寺には夢があり、それが寺の奥行きと陰影をなしているような気がする」という五木寛之の言葉を思い出す。

石造地蔵菩薩

＊やぐら：中世の鎌倉独特の横穴式墓地。武士や僧侶など身分の高い者が埋葬された。

　さらに山道を上れば宝篋印塔が建つ。鎌倉時代の歌人冷泉為相の墓で南北朝時代のものといわれる。

　「今、鎌倉まつり期間で特別公開されているから」という案内の方の勧めで石造五輪塔をお参りに行くことにする。冷泉為相墓の横の木戸が開かれ、「五輪塔までの山道は相當距離があり、塔付近の降り坂石段がやや危険につき……」と「覚賢塔特別公開についての注意」が書かれていた。

　「相当距離がある」は大げさだが、下り坂の石段が一つ浮いていた。ここは鎌倉時代の律宗の僧・忍性上人が開いた多宝寺の跡地

石造五輪塔

といわれる。私には石造五輪塔よりも途中のやぐらに祀られた小さな石塔群が心に残った。

浄光明寺を出て、横須賀線の踏切を渡り英勝寺へ。鎌倉唯一の尼寺で浄土宗。「不定休」の情報の下、訪ねたが、あいにく木曜日は定休であった。すぐに寿福寺へ向かう。

やぐらの石塔群

寿福寺

1200年、北条政子創建、開山は栄西。鎌倉五山第三位。

総門から山門までの参道は自由だが、山門から仏殿、庫裏、鐘楼などは非公開。古びた総門からまっすぐ延びる参道が美しい。裏山の墓地へ行き、高浜虚子や大佛次郎の墓を見て、北条政子のやぐらを見つける。隣には 源 実朝と伝わるやぐらもあった。

寿福寺を出て、JR鎌倉駅へは遠回りだが、また踏切を渡って鶴岡八幡

「段葛こ寿々」 鎌倉市山ノ内
こ寿々蕎麦とわらび餅 1,620円

宮へ、若宮大路の「段葛こ寿々」に立ち寄る。ここは鎌倉らしい古風な落ち着いた店で、手打ち蕎麦とわらび餅の人気が高い。冷たいこ寿々蕎麦とわらび餅をいただき、満足して帰路に就く。

鎌倉散策 (二)

2015 年 4 月 24 日 (金)

　朝は清々しい。JR鎌倉駅より閑散とした小町通りを通って鶴岡八幡宮へ入り、境内に建つ鎌倉国宝館に向かう。「おはようございます」。境内の幼稚園に子供を自転車に乗せて連れてきたお母さんたちが挨拶を交わす。今さらながら気づく。観光地鎌倉はどこにでもある生活の街だ。

鎌倉国宝館

　1928年開館。鎌倉から室町時代にかけての彫刻や絵画などを収蔵し、毎月の展示替えと、年に数回の特別展で多くの作品を紹介している。

　今日は「長谷寺と鎌倉の名宝」特別展が行われていた。平常展示も含め、主だった作品をここに列挙する。やはり重要文化財に指定されているものが多い。

鎌倉国宝館

薬師三尊及び十二神将立像（鎌倉国宝館所蔵）
薬師如来坐像（養命寺所蔵）
地蔵菩薩坐像（浄智寺所蔵）
千手観音菩薩坐像（建長寺所蔵）
地蔵菩薩坐像（伝宗庵所蔵）
初江王坐像（円応寺所蔵）
韋駄天立像（浄智寺所蔵）
地蔵菩薩立像（寿福寺所蔵）
十一面観音懸仏（長谷寺所蔵）
聖観音菩薩坐像(寿福寺所蔵)
　十王の一つ、初江王は円応寺所蔵だが東日本に残る鎌倉時代の木造彫刻

として貴重で、ここに寄託されている。これで私は円応寺の十王をすべて拝見したことになる。

　国宝館を出て鎌倉駅へ戻り、バスで光明寺へ向かう。

光明寺

　浄土宗の大本山で、第4代執権北条経時創建、開山は良忠上人。創建は1243年と伝わる。

　鎌倉最大の山門をくぐる。山門の楼上には釈迦三尊、四天王、十六羅漢が安置される。総門、鐘楼、本堂ともに近世の建築物である。

　本堂に入れば本尊阿弥陀如来が観音菩薩、勢至菩薩を脇侍にして坐る。顔つきは柔和でやさしい。三尊の左に阿弥陀如来、如意輪観音、浄土宗宗祖法然上人、右には弁財天、善導大師が祀られている。

　本堂の庭は「三尊五祖の石庭」といわれる枯山水*で、右から釈迦、法然上人に影響を与えた中国僧善導大師、浄土宗宗祖法然上人、第二祖鎮西上人、第三祖良忠上人の五祖を表す石が並び、奥右から観音菩薩、阿弥陀如来、

山門

三尊五祖の石庭

記主庭園　大聖閣

五輪塔群

勢至菩薩の三尊を表す石が置かれる。小石や砂などはわれわれ衆生を表す。
本堂の回廊に座って枯山水の庭園を眺め、しばし時を忘れる。

＊枯山水：池や流水を用いず、石と砂で山水の風景を表現する庭園形式。室町時代に伝わっ
　た宋・明の水墨画の影響による。京都の竜安寺庭園などが有名。

　回廊を回り、「記主庭園」を拝見する。夏には池一面に古代蓮が咲き誇
るといわれる。

　光明寺は開放的で拝観自由は有り難い。地元の人が散歩がてら参拝に来
る地域に根づいたお寺である。畳敷きの広い本堂でごろんと寝ころび、の
んびりしたい。

　光明寺を出て、昼食のため近くの「そば処土手」の暖簾をくぐる。

「そば処土手」　鎌倉市材木座
とろろ蕎麦　850円

昼食後、材木座海岸へ。風が強い。絶好の風なのだろう、ウインドサーフィンに興じる人が何人もいる。私は徒歩で材木座から由比ヶ浜の砂浜を長谷まで行く計画であったが、風で砂が目に入り煩わしいので止め、バスで鎌倉駅へ戻ることにする。

材木座海岸

　鎌倉駅から江ノ電*に乗り、長谷駅で下車し長谷通りを長谷寺に向かう。

＊江ノ電：藤沢駅と鎌倉駅を結ぶ江ノ島電鉄線の略称。100年以上の歴史があり、レトロで小さな車両が走り、車窓から海が眺められ、広く親しまれている。

長谷寺

　長谷寺は四季を通じて花が咲き誇る「花の寺」として知られる。しかし、桜や水仙には遅く、紫陽花にはまだ早い。山門をくぐって境内に入ると、水辺に咲く白い花に目が留まる。私は花には詳しくない。名前は分からない。
　木陰に、小さくて可愛らしいお地蔵さんが目に入る。にっこり微笑む三体のお地蔵さんが寄り添い合い、「良縁地蔵」とある。この良縁地蔵は境内にあと二箇所にあり、どうもすべてを探すことが人気になっているらしい。
　長谷寺の境内は広い。散策しながら阿弥陀堂、観音堂と巡る。阿弥陀堂

白い花が水辺に群生する

良縁地蔵

の本尊は鎌倉六阿弥陀＊の一つで厄除阿弥陀如来といわれる。

＊鎌倉六阿弥陀：長谷寺、高徳院、光明寺、浄光明寺、宝戒寺、光触寺の六つの阿弥陀
　　如来。

　観音堂に入って「長谷観音」の名で知られる十一面観世音菩薩と対面する。高さ9.18メートル、見上げるほど大きい。豪華絢爛たる金箔の巨像で木造の仏像として日本最大級を誇る。左手に水瓶、右手に錫杖を持ち、「長谷寺式」といわれる。室町時代の作と推定される一方、寺伝には〈奈良時代、徳道上人が楠の大木から二体の十一面観音を造り、一体は奈良長谷寺の本尊に、もう一体を海に流したところ、15年後に三浦半島に流れ着き、鎌倉長谷寺の本尊とした〉とある。

　女子高生二人が長谷観音を前に柏手を打つ。その音が堂内に響く。「神社じゃないから柏手はいらないよ」と私は呟くも、屈託のない二人は微笑ましい。

　観音堂を出て、鐘楼、大黒堂、弁天窟、経蔵＊を参拝し、長谷寺を後にする。

＊経蔵：仏教経典のすべて一切経を収める建物を経蔵と呼び、中央の八角形の回転式書架を
　　輪蔵という。輪蔵の腕木を押して一回転させると一切経すべてを読んだのと同じ功徳が得
　　られるといわれる。経蔵の中には「摩尼車」もある。

鐘楼［上］と輪蔵［右］

　長谷通りをさらに進めば高徳院である。

高徳院

　長谷寺も高徳院も観光地なのだろう。平日とはいえ、大勢の観光客で賑わう。特に修学旅行などの中高生や外国人が目立つ。

　仁王門をくぐり、さらに山門をくぐっても壁や木立に遮られている。塀沿いに左に曲がると突然、正面に鎌倉大仏が現れた。青空を背景にでんと鎮座している。

　奈良東大寺大仏は毘盧遮那仏。鎌倉大仏は阿弥陀如来である。高さ11.39メートル。長谷寺の十一面観世音菩薩より２メートルほど高いのだが、屋外にあるせいか低く感じる。室町時代後期に大仏殿が大津波で流されて以来、大仏は雨ざらし。当初は金箔が貼られていたらしいが、今は緑青色である。右頬にわずかに金色が残っているといわれるが、遠目ではよく分からない。

　大仏の周りをぐるりと回ってみる。大仏は真正面から見るよりも、少し斜めから仰いで見るのがいい。大仏の裏には与謝野晶子の歌碑が立っていた。

　かまくらやみほとけなれど釈迦牟尼は美男におはす夏木立かな

　与謝野晶子は阿弥陀如来を釈迦如来と勘違いしているが、五木寛之は『百寺巡礼　第五巻　関東・信州』の中でこう評している。

　〈この歌はとてもいい。じつは、歌だけを読んでいたときには、月並みな観光歌という印象だった。だが、こうして実際に大仏の前に立ってみる

鎌倉大仏

と、晶子の心境がわかるような気がしてくる。…… おそらく、大仏に対面した晶子は、その凛々しさに男としての魅力を感じたのだろう〉

高徳院を出て長谷駅へ戻り、江ノ電の踏切を渡って極楽寺坂切通を上っていく。成就院の山門が見え、ふり返れば材木座から由比ヶ浜の海岸が一望できる。

成就院

1219年、第3代執権北条泰時創建、開山は不明。真言宗。

境内は自由だが、本堂は閉められ拝観できない。本堂には本尊不動明王、弘法大師空海、千手観音菩薩が祀られているらしい。

一人の参拝者が本堂に合掌し、般若心経を唱え始めた。私は邪魔にならないように本堂から少し離れた。その人は「南無大師遍照金剛、南無大師遍照金剛、南無大師遍照金剛」と結び、本堂に一礼して山門を出ていった。

「南無」は、仏・菩薩に向かって心からの帰依を表し、その名を呼ぶ時に冠する。「遍照金剛」とは真言宗の開祖弘法大師空海のこと。

山門

「合掌・一礼し参拝（柏手は不要）　願い事を本尊さまに祈念（お時間があれば龍の天水で身を清めてから参拝）……」と丁寧に参拝の仕方が案内板に記されている。私は「柏手不要」の文字を見て、長谷寺の女子高生を思い出した。

弘法大師行脚像

146

成就院も紫陽花が有名で、参道には般若心経の文字数と同じ262株が植えられているが、今年は参道補修工事のため見ることはできない。

　成就院の山門を出て、切通の坂をさらに上って極楽寺駅を見、極楽寺へ向かう。

極楽寺

　1259年、北条重時創建。開山は忍性上人。山門に茅葺き屋根が残る。境内は拝観自由だが、本堂は非公開。本堂に祀られている不動明王、薬師如来、文殊菩薩は毎年4月上旬、一定期間拝観できる。また、秘仏・本尊釈迦如来も開扉される。

　極楽寺駅へ戻り、「藤沢」行きを待つ。鎌倉といえば「しらす」。漁は解禁され、しらすは今が旬である。途中、腰越駅で下車してしらす料理を食べることにしよう。

山門

鎌倉散策（三）

2016 年 3 月 31 日（木）

　今回は「田谷の洞窟」に寄ってから鎌倉へ行く計画である。この洞窟寺院のことは昨年のテレビ番組で知った。

　大船駅で西口バスターミナルへ行くのに手間取ってしまった。駅の標示を見ないで人の波に誘われ北口を出てしまったのだ。東口から駅の構内を突っ切り、なんとか西口に出た。それでも「戸塚バスセンター」行きのバスに 1 本遅れで乗ることができた。

　バスを「洞窟前」で降りれば「田谷の洞窟」はすぐである。

田谷の洞窟

　正式には「田谷山瑜伽洞」といい、真言宗定泉寺境内にある人工洞窟である。ここは現在、横浜市栄区だが、昭和初期に横浜市に編入されるまでは鎌倉郡に属していた。

　瑜伽洞は定泉寺より歴史は古く、鎌倉時代に真言密教の修行場として切り開かれたのが始まりという。「瑜伽」とはヨーガのこと。手元の辞書には〈心の制御・統一を図る修行法で、瞑想によって寂静の境に入って、絶対者との合一を目的とする〉とある。「寂静」とは〈心身一切の欲望を離れ、静かに悟りを得ようとする境地〉。

　洞窟の全長は約 1 キロメートルと推定されているが、崩落が起き

定泉寺本堂

瑜伽洞 洞門

ているため正確なところは明らかではない。拝観できるのはそのうちの250メートルほどである。

受付で拝観料を納め、蝋燭をいただく。洞門に入り、蝋燭に火を点して洞窟内を進む。この蝋燭は手明かりではなく、仏さまにお供えするご灯明である。洞窟はいくつかの広い空間を通路で結ぶように作られ、「行者道」という順路が定められている。順路外は立入禁止である。洞窟内には電灯が設けられているが、光は弱く、ほの暗い。歩を進めれば空気の流れで蝋燭の小さな炎は揺れ、今にも消えそうである。

洞窟内の壁や天井には龍や獅子、さらに曼荼羅、五大明王、十八羅漢、また、それらを巡拝することですべての霊場を巡礼したことになる秩父三十四観音霊場、四国八十八霊場など、数百体の仏さまが浮き彫りにされている。

水の流れや滴の落ちる音がかすかに響き、無数のノミ跡が残る壁や天井はどこも湿っている。柔らかい地層の中に彫り物が保たれているのはこの湿気のためであるという。

薬師十二神将

十二支の浮き彫りで十二神将が表されている。子、丑、寅、卯 … と順に目で追っていくが、私の干支「辰」は大半が剥げ落ち、原形を留めていなかった。

金剛界曼荼羅

仏や菩薩がそれを象徴する梵字で表され、この梵字を「種字」といい、種字で表された曼荼羅を「種字曼荼羅」という。

今、洞窟内は私一人である。蝋燭を下に置き、息をふーと長く吐いて合掌。「般若心経」を唱える。読経だけが洞窟内に反響する。

一願弘法大師・四国八十八霊場（讃岐）

瑜伽洞本尊・一願弘法大師が祀られ、壁一面に施された仏像の彫刻は圧巻である。四国八十八霊場のうち、香川県二十二霊場の本尊であろう。四国八十八霊場とは四国にある八十八箇所の弘法大師ゆかりの霊場である。

四国八十八霊場（阿波）・四十九院曼荼羅

天井に蛟龍、壁一面の仏像は四国八十八霊場、徳島県二十四霊場の本

尊であろう。この異空間に圧倒される。「四十九院」とは〈弥勒菩薩のいる兜率天の内院にある四十九の宮殿〉らしいが、四十九院曼荼羅とは何だろう。また、「月天通風口」と記された、床に開いた丸い穴がある。賽銭が手向けられ、穴の下に通路が見える。「月天」を辞書で引けば、〈月を神格化したインド神話の神・月天子が仏教にとりいれられ、密教では月天と呼ばれる。仏教を守護する十二天の一〉とある。

五大明王

不動明王に降三世・軍荼利・大威徳・金剛夜叉の各明王。四国八十八霊場に連なるこの空間は神秘的である。五大明王の彫り物は濡れていて、特に不動明王の剝げ落ちが目立つ。「触らないでください」とある。

狭くて長い階段を下り、右に折れれば「奥之院」がある。

高野山奥之院

弘法大師坐像が祀られ、天井には雲中供養菩薩が彫られている。「金剛水」と呼ばれる霊水が落ちる。その水を患部に塗ると怪我が治るというので、作法通り、右手人差し指を濡らし、痛めている左手の肘に付ける。服の上からなのに一瞬ひやっとした感覚が肘に伝わる。驚いた。不思議である。これで肘の痛みが取れるだろう。

幅1メートル弱の水路がある。「音無川」といい、水は溜まっているが、その名前の通り流れはない。壁には十八羅漢が並ぶ。

十八羅漢

釈迦の入滅後正法を護り、弥勒の出現を待って衆生を導くとされる大阿羅漢である。阿羅漢とは羅漢ともいい、悟りに達した聖者をさす。

坂東三十三観音霊場を最後に拝観し、直線通路に戻って洞門を出る。受付に拝観のお礼を言って本堂に出れば、ハイキングの恰好をした男女4人のグループが来て受付に向かう。また、ガイドと一緒に外国人がぞろぞろ境内に入ってくる。20人は超えているだろう。これを機に定泉寺の山門を

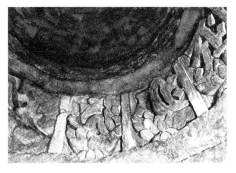

［上］金剛界種字曼荼羅　著者画
［右］四国八十八霊場（阿波）　著者画

［上］五大明王前から修行道場を見る　著者画
［右］十八羅漢　著者画

出る。

　女性3人連れがバスを降りてやってくる。今から田谷の洞窟へ行くという。私と同じテレビ番組を見て知ったらしい。外国人の団体のことは伝えなかったが、今頃洞窟内は混み合っているだろう。やはり寺の拝観は開門早々に限る。

　大船駅へ戻り、鎌倉駅へ。鎌倉駅でバスに乗る。バスは金沢街道をしばらく走り、「泉水橋」バス停で下車。ペーパーの地図を広げて「明王院」へ向かう。

明王院
みょうおういん

　1235年、鎌倉幕府4代将軍藤原頼経創建。将軍が建立した寺としては鎌倉市に現存する唯一のものといわれる。

　「五大堂明王院」と刻まれた石碑を見て、山門を入れば小ぢんまりした茅葺き屋根の本堂が落ち着いた雰囲気を漂わせる。

　市内で五大明王が祀られているのはここだけという。しかし、残念なことに本堂の扉は固く閉ざされていた。毎月28日に護摩法要が行われ、この時は本堂に入り拝観できると思う。ここの五大明王をいつかは拝見したいものである。

山門

本堂

　明王院を後にし、金沢街道に出る。「泉水橋」のバス停にバスが到着し、バスから降りてきた人はタブレットを見ながら歩き出した。タブレットのナビで明王院へ行くのだろう。私はやはりガラケーをスマホに買い替えようと思った。

　私はまたペーパーの地図を広げて、金沢街道を戻るように徒歩で浄妙寺へ向かう。

浄妙寺
じょうみょうじ

　鎌倉五山五位の寺で、1188年、源頼朝の忠臣足利義兼創建。これで鎌倉五山すべてを拝観したことになる。

　室町時代は七堂伽藍が完備し、塔頭二十三院の大寺院だったが、火災

総門 本堂

などのため衰退。現在、総門、本堂、客殿、庫裡が残る。

　総門を入り、本堂、熊野神社、本寂堂と順に拝観する。釈迦如来、阿弥陀如来などは非公開である。熊野神社は当寺の鎮守社、本寂堂は三宝荒神が祀られ、火を防ぐ神として信仰されたらしい。

　大寺院であった面影が残り、境内は広い。明王院の後だからか、なおさらそう感じる。

　総門を出て金沢街道に戻る。杉本寺の前に遅い昼食とする。ガイドブックで下調べをしていた穴子丼の店。ここはふつうの人家を改造したような店構えで看板がなければ見逃してしまう。

　昼食後、「杉本観音」バス停で金沢街道を右に折れ、杉本寺の参道を進んでいく。

杉本寺

　奈良時代734年行基開山。鎌倉最古の寺で「杉本観音」として親しまれている。鎌倉では数少ない天台宗の寺である。

　金沢街道から石段を上り、仁王門をくぐる。正面の本堂観音堂へ上る石段は苔生し、擦り減っていて通行禁止。左の新しい階段を上がる。

　さすが鎌倉最古の寺である。本堂に安置された仏像は多い。十一面観音、毘沙門天、不動明王、観音三十三身、地蔵菩薩、賓頭盧尊者 …… と、11体が所狭しと並ぶ。

仁王門

苔生した鎌倉石の石段

本堂・観音堂

斯波家長一族の五輪塔

　３体の本尊十一面観音は内陣に祀られている。それぞれ行基、円仁、源信の造像と伝わる。内陣は格子戸に閉ざされ、間近で本尊を拝むことはできないが、源頼朝の寄進と伝わる十一面観音が本尊の前立として立っている。

　観音菩薩は人々を救済するために33の姿に変身して手を差し伸べてくれるといわれ、観音三十三身はその姿を表したものである。また、賓頭盧尊者は十六羅漢の一つで、像をなでると病気が治るとされ、「おびんずるさま」と親しまれている。

　ところで寺の案内によれば、観音三十三身をはじめ前立十一面観音も地蔵菩薩も、仁王門の仁王像も運慶の作とされているが、何の証拠もない。果たしてどうであろうか。

　本堂を出て、石塔群に目が留まる。南北朝時代、杉本城の戦いで戦死した斯波家長と一族が供養されているという。斯波家長という武将の名も初

めて聞くし、歴史には詳しくないが、この五輪塔を見れば討ち死にした無念さが伝わってくる。本堂の裏山に杉本城址がある。

　金沢街道に出て最後の目的地来迎寺に向かう。「岐れ道」バス停を見送って間もなく、金沢街道と別れて右に折れ、車の少ない道をしばらくして来迎寺に着く。

来迎寺
<small>らいこうじ</small>

　新しいコンクリートの階段を上がって本堂の前に立つ。小さなお寺である。私より先に着いた二人は扉が閉ざされた本堂を見て、早々に階段を下りていった。今、参拝者は私一人である。
　一向上人が鎌倉中期に建立したとされ、「遊行寺」と呼ばれる藤沢清浄光寺を本山とする。
　開山は一遍上人ともいわれ、どちらであるかは明らかではない。鎌倉後期の大地震で、亡くなった村人の菩提を弔うために建立されたことは分かっている。
　貼り紙に「拝観の方へのお願い」とあり、こう書かれている。
　〈当寺では、仏像等を単なる美術品として安置しているのではなく、仏教信仰の対象としてお祀りしています。お寺は「信仰の場」であることを御理解の上、拝観に際しましてはまず初めに「正座 合掌 礼拝」をお願いします。拝観の申し出は左側のインターホンを通してお願いします〉
　さて、私はどうか。信仰心はさほどない。いや、よく分からない。けれども、単に美術品としては鑑賞していない。その仏像を信仰し護り伝えてきた人々の思いに敬意を表する。また、今でも多くの人の信仰の対象であることも忘れてはいない。
　インターホンで拝観をお願いし、ご住職の奥さんだろうか、鍵を開けていただき、本堂の中に入る。

本堂

本堂には３体の仏さまが間を空けて横に並ぶ。中に入った瞬間、右の仏さまに目が行くが、奥さんに促されるようにまず真ん中の仏さまの前に進む。本尊の阿弥陀如来である。正座して合掌。続いて左の仏さま、地蔵菩薩に合掌。いよいよ右の仏さまである。

　おっ、私は思わず小さい声を上げてしまった。仏さまの前に正座する。如意輪観音である。土紋がどうのとか、奥さんが静かな声で説明してくださるが、上の空である。それほどこの仏さまに惹きつけられてしまった。妖艶、凛々しい、やさしい、と、この仏さまを形容する言葉を探す。いずれにしても３体の中では存在感が群を抜いている。円形の光背に残る赤い色に昔の鮮やかな色彩が偲ばれる。今日はいい仏さまに会えた。合掌し深々と一礼する。
「般若心経を唱えさせていただいてもよろしいですか」
「どうぞ」
　奥さんは本尊に手で差し招くが、躊躇する私を見て、
「どちらでも」
と言った。

　私は如意輪観音の前に正座し、読経して合掌、座を外す。奥さんにお礼を言い、本堂の外に出る。

　この如意輪観音は「鎌倉で最も美しい仏像」といわれ、南北朝時代の作。特徴は衣文に施された土紋。浄光明寺の阿弥陀如来でも書いたが、土紋とは粘土、漆等を混ぜて型で抜いて貼りつけ、刺繍の文様を立体的に表現したもので、鎌倉後期から室町時代にかけて流行った鎌倉独特の装飾方法である。

　若宮大路の「こ寿々」で夕飯を食べることにしているが、まだ時間が早い。どうせ通り道だから鶴岡八幡宮に寄っていこう。

鶴岡八幡宮

　東の鳥居から境内に入る。「鎌倉国宝館」を右に見送り、しばらくして表参道を右に折れ「本宮」に向かう。表参道は大勢の人で賑わう。平日とはいえ学校は春休み。まして今は桜の季節である。紅白幕が垂れた出店が軒を並べる。

　「舞殿」を拝見し、ご神木「大銀杏」を見る。樹齢800年とも1000年とも

表参道

本宮へ続く大石段

大銀杏

大石段の上から段葛をふり返る

いわれたこの大銀杏は、2010年3月に強風のため根元から倒れてしまい、今、移植して再生への努力が続けられている。

　舞殿は、静御前が源頼朝に命じられ舞を披露したゆかりのあるところとして知られる。

　静は兄源頼朝と対立した源義経の愛妾で、鎌倉時代に編纂された『吾妻鏡』によれば、静は〈静や静　しづのをだ巻きくり返し　昔を今になすよしもがな〉〈吉野山　峰の白雪踏みわけて　入りにし人の　跡ぞ恋しき〉と、義経を慕う歌を謡って舞い、頼朝を激怒させるが、妻の北条政子が「私が御前の立場であっても、あのように謡うでしょう」と取り成して命を助けたといわれる。このシーンは大河ドラマ『鎌倉殿の13人』でも演じられた。

　ところで、1本の花穂を立てて、白いおしべだけが目立つヒトリシズカという花は静御前の清楚な美しさにたとえて名づけられたといわれる。

話を元に戻す。本宮への「大石段」を上り、後ろをふり返れば、舞殿、三ノ鳥居、二ノ鳥居と一直線に並び、三ノ鳥居からまっすぐ延びる「段葛」の桜は満開である。段葛は頼朝が政子の安産を祈願して造らせた一段高くなった参道で、2014年10月より改修工事が始まり、今年2016年3月に完成した。

　本宮に並ぶ列に入り、喧騒の中、順番を待って参拝を済ませ、大石段を下って表参道へ戻る。

　三ノ鳥居を出て鶴岡八幡宮を後にし、若宮大路を下って「こ寿々」の暖簾をくぐる。

段葛こ寿々

鎌倉 II 編

史跡永福寺跡　瑞泉寺　覚園寺　荏柄天神社　補陀落寺

九品寺　英勝寺　光明寺　高徳院　光則寺　成就院

写真：高徳院 鎌倉大仏

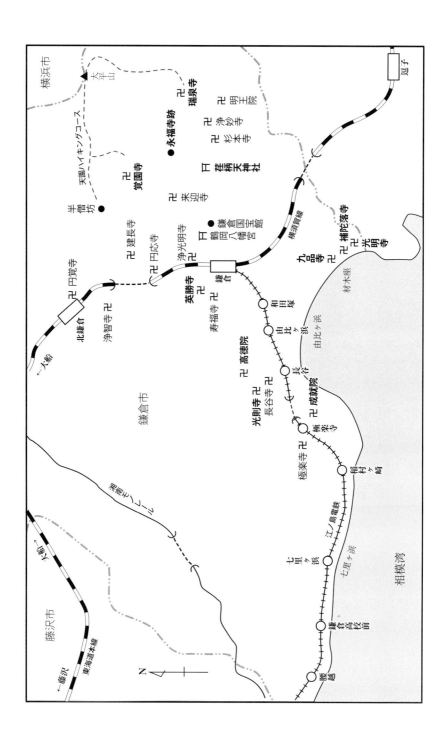

鎌倉散策（四）

2016 年 5 月 13 日（金）

　今回の主目的は覚園寺である。どうせなら瑞泉寺から天園ハイキングコースへ入り、途中で覚園寺へ下る計画を立てた。

　鎌倉駅でバスに乗り、終点「大塔宮」から瑞泉寺へ向かう。途中、「永福寺跡」を偶然見つけた。その案内板が目に入らなければ見過ごしていただろう。私は驚いた。鎌倉に源頼朝が創建した寺院があったのだ。案内板の復元図には、大きな池の向こうに左右対称にお堂が並び、宇治平等院鳳凰堂を想起させる。これは寄り道しないわけにはいかないだろう。

史跡永福寺跡

　案内板をそのまま引用する。

　〈永福寺は源頼朝が建立した寺院で、源義経や藤原泰衡をはじめ奥州合戦の戦没者の慰霊のため、荘厳なさまに感激した二階大堂大長寿院を模して建久3年（1192年）に、工事に着手しました。

　鎌倉市では、史跡の整備に向けて昭和56年（1981年）から発掘調

永福寺復元想像 CG（作成：湘南工科大学）

査を行い、中心部の堂と大きな池を配した庭園の跡を確認しました。堂は二階堂を中心に左右対称で、北側に薬師堂、南側に阿弥陀堂の両脇堂が配され、東を正面にした全長が南北130メートルに及ぶ伽藍で、前面には南北100メートル以上ある池が造られていました。

　鎌倉市では、昭和42年（1967年）度から土地の買収を行っており、現在史跡公園として整備事業を進めています〉

　まだ整備中で水は張られていないが、想像していたより大きな池である。池の左端から回り込み、順に阿弥陀堂、二階堂、そして薬師堂と、三堂の

二階堂、薬師堂の復元基壇が並ぶ　　　　薬師堂復元基壇。シロツメクサの花が咲き乱れる

基壇を見て進む。〈源頼朝が創建した当初の姿、檜で造られた建物の基礎と雨落ち溝を復元しています。遺跡は足元60cm下で保護されています。使用している石材は、埋められている本物に色や組成が似ている、鬼怒川水系の自然石を使っています〉と表示板にある。池と基壇の間にはシロツメクサが繁茂し、白い花が咲き乱れている。

　元に戻り、池を挟んで二階堂の正面に立つ。ここから二階堂まで橋が渡されていたらしく、「橋跡」の表示がある。思うに、ここは池の東側、二階堂は西側、つまり西方浄土を意識して三堂は建てられていたのだろう。

　室町時代以降、いつの間にか荒廃し、「幻の寺」といわれている。なぜ廃絶してしまったのだろうか。もし現代にお堂が残っていれば貴重な文化遺産になっていただろう。

　道に戻って瑞泉寺に向かう。間もなくして左に道を分け細い道に入る。瑞泉寺に近づくに連れてゆるやかな上りになり、やがて総門が見える。

　総門を抜け、右に天園ハイキングコースの入口を確認して山門をくぐる。

瑞泉寺

　1327年、臨済宗の禅僧夢窓国師を開山として創建。「花の寺」と呼ばれ、境内には梅や桜、紫陽花など、いろいろな植物が植えられ、その間を縫うように散策路が切られている。

　本堂には、釈迦牟尼佛、千手観音菩薩、夢窓国師と３体の仏像が安置されている。本堂前の黄梅は市の指定天然記念物である。さらに本堂隣の地

蔵堂には地蔵菩薩が祀られている。

　本堂の裏に回ると庭園が広がる。夢窓国師による岩盤を削って作られた禅宗様庭園である。現存する鎌倉時代唯一の庭園で、荒廃していたのを発掘復元したらしい。ぽっかりと開いた大きな洞窟「天女洞」、最も右の洞窟は「葆光窟」と呼ばれる座禅窟で、夢窓国師が座禅をしていたという。

　池の左には二つの橋が架かり、これを渡った先に、柵で閉鎖されてはいるが、岩盤を削り取った小道が続いている。どこへ通じているのだろう。拝観券の裏にこう説明されている。

　〈…池の西側には二つの橋がかかり、これを渡るとおのずから池の背後の山を辿る園路に導かれます。非公開ですが二つの橋も数えて十八曲りに園路を登ると錦屏山の山頂に出て、私たちはそこにまた大きな庭と出会います。鶴ヶ岡から鎌倉周囲の山並みが幾重にも波状をなして重なり、遠くには箱根の山々がかすみ、右手に霊峰富士が大きく裾を広げる足下には、相模湾が自然の池をなしているのです。借景の大庭園の広がるこの山頂に

山門

本堂

瑞泉寺庭園。鎌倉時代の代表的な禅宗様庭園といわれる

夢窓国師は小亭を建て、徧界一覧亭（へんかいちらんてい）と名づけました〉

　総門まで戻り、天園ハイキングコースに向かう。登山口は道標がなければ見逃しやすいほど細い道で始まる。かつて大仏ハイキングコースを歩いたことはあるが、「鎌倉アルプス」と呼ばれるこの天園ハイキングコースは今日初めて歩く。

　登山口から間もなく、「明王院 浄妙寺 報国寺→」への分岐を右に見送り、道は左に折れる。上り下りをくり返し徐々に高度を上げ、しばらくして「峠の茶屋」が建つ天園に着く。天園は武蔵、相模、上総（かずさ）、下総（しもうさ）、伊豆、駿河が望めたことから「六国峠」とも呼ばれる。ここに「金沢八景・文庫→」への分岐がある。思うに、今はハイキングコースだが、昔は横浜から鎌倉への参詣の道でもあったのだろう。

　天園から主尾根に出て大平山（おおひらやま）へ向かう。ランドマークタワーをはじめ、横浜の高層ビル群を眺め、鎌倉カントリークラブが隣接した道を進めば、間もなく大平山直下の広場に出る。クラブハウスや駐車場が目の前にあるが、大勢のハイカーが木陰にシートを広げて弁当を食べている。私も木陰を探し、大船駅で買ったおにぎりと唐揚げの昼食にする。鳶（とんび）が上空で食べ物を狙（ねら）っている。気をつけなければならない。

　休憩後、大平山に登る。大平山は岩山で標高159メートル、鎌倉最高地点。ここでもランドマークタワーが展望できる。山頂にハイカーが登ってきては広場に下っていく。建長寺（けんちょうじ）方面からのハイカーが圧倒的に多い。

　大平山を下り、しばらくして覚園寺への分岐に出る。「建長寺（半僧坊）約0.7km→」「覚園寺約0.9km→」の道標が立つ。ここでハイキングコースを外れ、左に折れて覚園寺へ急いで下っていく。覚園寺は１時間ごとの僧侶の案内による参拝である。13時までに着かなければ１時間待つことになってしまう。

　天園ハイキングコースは眺めのよい場所もあるが、ほとんど雑木林の中を淡々（たんたん）と歩いていく。それでも急登はなく、適度に上り下りをくり返し、息は切れない。また、所々に岩場の上り下りも現れ、変化に富んでいて面白い。ただ、岩には苔（こけ）が生え、枯れ葉も溜まり、雨の日は滑りやすいかもしれない。

天園ハイキングコース登山口

大平山山頂より広場を見下ろす

天園ハイキングコース 雑木林の道

天園ハイキングコース 露岩の道

大平山展望 富士山

大平山展望 横浜ランドマークタワー

　昨年、是枝裕和監督映画『海街diary』を見た。三姉妹が父の遺した腹違いの妹を引き取り、一緒に家族として暮らしていく情景を描いた、日本アカデミー賞４冠を受賞した映画である。長女を綾瀬はるか、次女を長澤まさみ、三女を夏帆、そして腹違いの妹を広瀬すずが演じた。なぜここで映画の話か。この映画の舞台は鎌倉である。それは江ノ電や極楽寺駅から

分かった。

　実は先日、この映画がテレビで放送され、ここは鎌倉のあそこだ、ここはどこだろう、と懐かしい思いで見た。映画の一場面に、長女が子供の頃父によく連れてきてもらった所に、なかなか馴染んでくれない妹を連れていくところがある。海が見下ろせる高台で、そこで長女が海に向かって「お父さん

映画『海街 diary』に出てきた風景。
高台より由比ヶ浜海岸を望む

のバカヤロー」と叫ぶ。続いて妹が「お母さんのバカヤロー」と叫び、長女が泣く妹を「お母さんのこと話していいんだよ」と抱き締める場面だ。

　この海の風景はどこかで見た覚えがある。天園ハイキングコースからの風景だ。おそらく由比ヶ浜の海岸だろう。昨年の映画では分からなかったが、テレビを見ていて、はっと気づいた。

　ここで話を覚園寺へ戻す。

覚園寺

　1218年、鎌倉幕府２代執権北条義時が薬師堂を建立、1296年、９代執権北条貞時が元寇の再来がないように願い、智海心慧を開山とし寺院に改めて覚園寺（真言宗）とした。

　鎌倉では、地形の特色である尾根と尾根の間に深く入り込んだ谷に寺院が多く建立され、覚園寺も薬師堂ヶ谷に境内が広がる。鎌倉では「谷」を「やつ」と読む。山を越せば隣は建長寺の境内である。建長寺は地獄ヶ谷にある。

　13時には十分間に合い覚園寺の山門に入る。すでに数名が案内を待っていた。時間が来て僧侶の案内が始まる。まず、愛染堂を拝観。明治初年に廃寺となった大楽寺に所属していたお堂で、中央に本尊愛染明王、右に不動明王、左に阿閦如来が祀られている。いずれも鎌倉時代の作で、元は大楽寺の仏であった。ところで、不動明王は鉄造で、阿夫利山大山寺の本尊鉄造不動明王の前に試しに鋳造されたものという。そういえばものの

山門

愛染堂

本で、大山寺の本尊は江ノ島海岸の砂鉄が使われた、と読んだことがある。

　拝観受付で入山料を払い、僧侶に従って薬師堂に向かう。ここから写真撮影は禁止である。

　爽やかな緑の中に茅葺き屋根の本堂薬師堂が建つ。南北朝時代、火災で焼失した薬師堂を、室町時代前期に足利尊氏が再建した。江戸時代前期に古材を再利用しつつ改築に近い大修理が行われ、現在に至る。堂内の梁に取り付けた札、梁牌には足利尊氏自筆の銘が残る。

　薬師堂には薬師三尊と薬師如来の眷属十二神将が祀られている。薬師三尊を一見して、これが薬師三尊か、と思うほど、私が知っている薬師三尊とは様相がずいぶん異なる。まず、脇侍の日光・月光菩薩も坐像である。脚を崩して安坐する。そして三尊とも蓮華座の左右に裳裾を長く垂らす。また、中尊の薬師如来は一般的な右手を上げ、左手を下げる施無畏与願印ではなく、両手を組む法界定印で、掌に薬壺をのせる。

　十二神将といえば、奈良室生寺の十二神将を思い出す。室生寺のものは鎌倉時代、ここのは室町時代のものだが、存在感は室生寺に引けを取らない。大きさは室生寺に勝る。像高は亥神像が189.7センチメートルで最大、最小でも戌神像の152.6センチメートルであるという。

　薬師三尊に合掌し、十二神将を子、丑、寅と順に、間近に寄って拝観していく。自分の干支、辰神に合掌する。

　薬師堂を後にし、旧内海家住宅に向かう。内海家は江戸時代の名主で、1981年に覚園寺に移築された。江戸時代中期の古い建築物と判明してい

る。中に入り、土間で、これから向かう「十三仏やぐら」のために僧侶から「十三仏信仰」の話を聞く。

　十三仏とは冥界の審理に関わる13の裁判官の本地＊とされる仏のことで、江戸時代に十王をもとにして考えられた。閻魔王を初めとする十王は初七日から三回忌まで十回の審理を司り、それに七回忌、十三回忌、三十三回忌と三回の審理をする裁判官蓮華王、祇園王、法界王を加えた。十三仏は十三回の追善供養を司る仏としても知られ、主に掛軸にして、法要をはじめあらゆる仏事に飾る風習が伝えられる。

　　＊本地：仏や菩薩が人々を救うため、仮に神の姿をとって現れるといわれ、その時の本来の
　　　　仏や菩薩のこと。たとえば、閻魔王の本地は地蔵菩薩、初江王の本地は釈迦如来である。

　十三仏やぐらの洞穴の中に13の石仏が祀られている。時間があればどれがどの仏か知りたいところだ。僧侶に促され、ご灯明を奉納し、私は智拳印で分かった大日如来に合掌する。

　やぐらを出て地蔵堂に向かう途中、僧侶が「後ろをふり返ってごらんなさい」と言う。ふり返れば、暗い洞穴の中に奉納した蝋燭の火が何本もゆらゆら揺れていた。

　黒地蔵といわれる地蔵菩薩を祀る地蔵堂は非公開である。最後に千躰地蔵堂を拝観して案内が終わり、外に出る。僧侶の案内は1時間弱。天気に恵まれ、薫風の中、静かなひとときを過ごした。時間に制限があってやや不満だが、自由拝観を禁ずるからこそ保たれる静けさなのだろう。

　しばらく休憩し、大塔宮に向かい山門を後にする。大塔宮までの道がいい。閑静な住宅地の中の幅の狭い道である。水路沿いで覚園寺からはゆるやかな下りになる。

　大塔宮から徒歩で鎌倉駅へ戻る途中、荏柄天神社と本覚寺に立ち寄ることにする。

荏柄天神社

　1104年創建、菅原道真公を祭神とする神社。大宰府、北野天満宮と並ぶ日本三古天神の一つで、混雑を敬遠して今まで来たことがなく、参拝す

荏柄天神社楼門　　　　　　　　　　　　　荏柄天神社本殿

　るのは初めてである。思っていたより境内は小ぢんまりとし、受験シーズンには早く、平日とあってか参拝者はまばらである。本殿の両脇には合格祈願の絵馬がたくさん掛けられていた。

　荏柄天神社を後にし、「岐れ道」バス停に出て金沢街道を進む。左に宝戒寺を見送り、途中、和菓子処「旭屋本店」で豆大福を買い、小町大路へと入る。

　本覚寺は若宮大路と小町大路に挟まれ、車のエンジン音が響く賑やかな所に建つ。1436年創建の日蓮宗の寺院。本尊釈迦三尊や持国天、多聞天の拝観が目的だったが、本堂屋根葺替改修のため本尊は仮本堂に移され、残念ながら仮本堂は拝観できなかった。豆大福を茶菓子に境内で休憩とする。

　夕飯にはまだ早いが、今回は「一茶庵」の鴨南蛮と決めていた。一茶庵は鶴岡八幡宮三ノ鳥居前に店を構え、ガイドブックによれば鴨南蛮は川端康成も愛した逸品という。楽しみである。本覚寺を出て若宮大路を進み、二ノ鳥居をくぐって「段葛」に入る。段葛は三ノ鳥居まで続く。

　前回の「鎌倉散策（三）」で、段葛は「2014年10月より改修工事が始まり、今年2016年3月に完成した」と書いた。実は、朝の「大塔宮」行きのバスは三ノ鳥居で右折するまで段葛沿いに若宮大路を北上したのだが、その時、車内の初老の男性が段葛について連れの男性に言っていた。「老化のため桜をすべて伐採した」「改修費用は6億円」「長さは480メートル」「先に行

けば行くほど道幅が狭くなり、長く見えるようにしてある」と。

　帰宅後、調べてみた。改修工事の目的は、参道の補修だけでなく大正初期に植えられた桜の老化のためである。桜並木の回復のため、ほんの一部は別の場所に移植し、ほとんどは伐採したそうだ。樹齢の若い桜を新たに植え、生育に適した樹間を確保するため従来の約250本より少ない180本ほどにしたという。6億円は本当で、工事主体となる鶴岡八幡宮と国・県・市による総事業費は約5億8千万円といわれる。

　また、道幅は、鎌倉幕府が攻め込まれるのを防ぐため、鶴岡八幡宮に向かうに連れて徐々に狭くなるようになっていて、遠近法によって実際の距離より長く見えるようにしてある。

　話を元に戻す。段葛を三ノ鳥居まで歩き、一茶庵を探す。約500メートルの段葛を端から端まで歩いたのは初めてのような気がする。一茶庵は廃業したのか、季節料理「あら珠」という高級料理店になっていた。残念である。ならばしょうがない。今日もまた「こ寿々」に行こう。

　若宮大路を下り、こ寿々の暖簾をくぐる。今回は、わさび芋をつまみに鎌倉ビールを飲み、鴨南つけ蕎麦を注文する。今日はよく歩いた。冷えたビールが美味い。ほろ酔い気分で、少し時間がかかっても今日は久しぶりに藤沢駅まで江ノ電に乗って帰るとしよう。

鎌倉散策（五）

2016 年 11 月 4 日 (金)

　今日は光明寺、補陀落寺、九品寺三つの計画である。補陀落寺と九品寺は初めて訪問する。光明寺周辺の狭いエリアなので自宅を遅く出発する。

　鎌倉駅からバスに乗り、「光明寺」で下車すれば海の香りがする。

　光明寺（浄土宗）は拝観自由で開放的である。本堂に入れば参拝者はまた私一人。しいんと静まり返り、ゆったりした時が流れる。

　「ここで昼寝をしないでください」の貼り紙を見て、一人にやりとし、しばし阿弥陀三尊を独り占めした贅沢な時を過ごす。

材木座海岸

　光明寺総門の目の前、材木座海岸に出る。淡い陽光を浴びたウインドサーフィンの色とりどりの帆が浮かぶ。左には逗子マリーナ、右に目を移せば、海岸線が湾曲し由比ヶ浜から稲村ヶ崎へと延びる。砂浜でぼんやり時を忘れる。

　「そば処土手」で遅い昼食を食べ、補陀落寺に向かう。

「そば処土手」　鎌倉市材木座
天ざる蕎麦　1,100円

補陀落寺
<ruby>補陀落寺<rt>ふだらくじ</rt></ruby>

　平安時代末期1181年、源頼朝が
祈願所として創建。開山は<ruby>文覚<rt>もんがく</rt></ruby>
<ruby>上人<rt>しょうにん</rt></ruby>で<ruby>真言宗<rt>しんごんしゅう</rt></ruby>。ここで頼朝の供
養が行われたといわれる。

　入口には「源頼朝公御祈願所」
の石塔が立つ。本堂は閉まってい
たが、声をかけると「どうぞお入
りください」と本堂へ案内され

山門

る。本堂には、真言宗開祖<ruby>弘法大師<rt>こうぼうだいし</rt></ruby>はもちろん、本尊<ruby>十一面観音<rt>じゅういちめんかんのん</rt></ruby>をはじ
め<ruby>薬師三尊<rt>やくしさんぞん</rt></ruby>、<ruby>不動明王<rt>ふどうみょうおう</rt></ruby>、<ruby>千手観音<rt>せんじゅかんのん</rt></ruby>、<ruby>地蔵菩薩<rt>じぞうぼさつ</rt></ruby>……と、19体の仏像が<ruby>所狭<rt>ところせま</rt></ruby>
しと並んでいる。

　正座して一体一体に合掌し、ご住職にお礼を言って補陀落寺を後にする。

　補陀洛寺は小さな寺だった。光明寺の後だからなおさらそう感じる。次
の九品寺も小さな寺である。

九品寺
<ruby>九品寺<rt>くほんじ</rt></ruby>

　本堂の扉は閉ざされ、静かである。人の気配がない。本尊は<ruby>阿弥陀如来<rt>あみだにょらい</rt></ruby>で
<ruby>浄土宗<rt>じょうどしゅう</rt></ruby>。室町時代初期1336年に新田義貞によって建立された。

　九品とは<ruby>極楽往生<rt>ごくらくおうじょう</rt></ruby>の際、生前の行いによって定められた9種類の往生
をいう。生前の信仰の深さで<ruby>上<rt>じょう</rt></ruby>
<ruby>品<rt>ぼん</rt></ruby>、<ruby>中品<rt>ちゅうぼん</rt></ruby>、<ruby>下品<rt>げぼん</rt></ruby>。そのそれぞれ
に善行の数で<ruby>上生<rt>じょうしょう</rt></ruby>、<ruby>中生<rt>ちゅうしょう</rt></ruby>、<ruby>下<rt>げ</rt></ruby>
<ruby>生<rt>しょう</rt></ruby>があり、上品上生から下品下
生までの合わせて九品とされる。

　拝観はまたの機会としよう。「九
品寺」バス停に向かい、鎌倉駅へ
戻る。

山門

文覚上人

大河ドラマ『鎌倉殿の13人』第3回に、文覚上人が登場した。源頼朝に父義朝の髑髏を示し、平家打倒の挙兵を促す場面である。

その時はすっかり忘れていたが、その後放送されたNHK『鶴瓶の家族に乾杯』で、補陀落寺の文覚上人像が画面に映され、それで思い出したのだ。この文覚が補陀落寺を開山したこと、

文覚上人荒行像

そして京都神護寺を再興したのはこの文覚であることを。

もとは武士だった文覚はなぜ出家したのか。なぜ頼朝に平家打倒を勧めたのか。「怪僧」といわれる文覚の生涯を知ると、とても興味深い。また、文覚は弘法大師空海を崇敬し、神護寺の他に京都東寺、高野山根本大塔、大阪四天王寺など、空海ゆかりの寺を次々と修繕していったといわれる。

文覚上人像は補陀落寺だけでなく、鎌倉成就院、横浜證菩提寺にも同じものが祀られているという。補陀落寺の本堂のものは覚えているが、成就院のものはまったく記憶にない。證菩提寺のものが最も古く、補陀落寺と成就院のものは模刻されたものらしい。ちなみに、なぜ裸なのか、これは荒行の姿である。

鎌倉散策（六）

2017 年 7 月 11 日（火）

　先日、九州北部に梅雨前線が停滞し、積乱雲が次々に発生して記録的な豪雨となり、河川は氾濫、崖は崩れ、福岡・大分両県に大災害をもたらした。それに対して関東南部は高気圧に覆われ、7 月もまだ上旬なのに真夏日が続いている。

　今回の計画は英勝寺と光明寺、それに「梵蔵」の蕎麦と「無心庵」の甘味も目当てにしている。

　鎌倉駅西口に降り立ち、英勝寺に向かう。まだ朝なのにすでに蒸し暑い。英勝寺は一昨年の春に訪ねたが、あいにく定休日であった。手元の古いガイドブックには「不定休」とあるが、木曜日が定休である。

英勝寺

　寛永年間、徳川家康の側室英勝院が創建した。現在、鎌倉唯一の尼寺で浄土宗。手元のガイドブックには〈室町時代には「鎌倉尼五山」制度があり、太平寺、東慶寺、国恩寺、護法寺、禅明寺の順で名を連ねていた。現在、東慶寺以外は廃寺になっており、東慶寺も明治36年に男僧住持に変わっている〉とある。

　狭い境内に鐘楼、山門、仏殿が並ぶ。これらは江戸初期の建造物で県の重要文化財に指定されている。

　仏殿の扉は閉ざされている。それでも扉の小窓を開けて本尊阿弥陀三尊を拝見する。これは円応寺の閻魔王と同様に手元のガイドブックには運慶作とあるが、真偽は分からない。

　そもそも運慶が関与したとされる仏像はそう多くはない。全国で31体、そのうち確定できる証拠があるのは18体しかないという。鎌倉の寺には運慶の作品と認められるものはないと思われる。

　英勝寺を出て、小町通りを通って鎌倉駅へ。小町通りの「鎌倉五郎本店」で麦田餅を買い求め、東口からバスに乗り、光明寺へ向かう。

山門

鐘楼

仏殿

仏殿の軒を飾る十二支辰の彫刻

「鎌倉五郎本店」 鎌倉市小町
　　麦田餅　162円

　2023年3月現在、麦田餅は販売
を休止しています。

<ruby>光<rt>こう</rt></ruby> <ruby>明<rt>みょう</rt></ruby> <ruby>寺<rt>じ</rt></ruby>

　今までになく参拝者が多い。三回目の訪問だが、夏は初めてである。ひ

記主庭園 古代蓮

記主庭園 大聖閣

んやりとした本堂を期待するも、ガラス戸が閉められ風が通らない。蒸し暑さを感じる。

　しかし夏にしか見られないものもある。記主庭園の池一面に古代蓮の花が咲き誇っていた。縄文時代の地層から発見された蓮の実を発芽させた古代蓮。つまり私が目の前に見る古代蓮は、何千年もの時空を超えて現代に咲いているのだ。

　いよいよ「梵蔵」の蕎麦である。知人から「店主に癖はあるけど、蕎麦は美味しい」と聞き、昼席コースを予約していた。予約時刻に遅れないようにと早めに光明寺を出る。

　路地に入って店を見つけ唖然とする。「臨時休業」の札である。店先から電話する。店主が電話に出て「電気が故障したので休業にしました」「携帯電話の番号を伝えてありますよね」「申し訳ありません。連絡を忘れていました」。開いた口が塞がらない。

　しょうがないのでいつもの「土手」に行く。しかし今は昼時、「土手」は混んでいて席が空くまで待たされてしまった。

　次は「無心庵」の甘味である。「土手」で天ざるの大盛を食べたのでまだお腹がいっぱい。お腹を減らすため、材木座海岸から砂浜を歩いていくことにしよう。「無心庵」は江ノ電和田塚駅の近く、そんなに遠くではない。

　夏の材木座海岸は初めてである。海水浴シーズンを前に海の家の建設が急ピッチで行われている。夏日が続くなか、海辺にはシーズンを待ちきれ

材木座海岸

ない人たちが遊んでいる。水着姿の女性も多い。ジーンズにポロシャツの私は場違いのようで恥ずかしい。沖には色とりどりのウインドサーフィンが風を受けて走っている。海から吹く風はこの暑さの中、救われる。

　材木座海岸の砂浜を由比ヶ浜に向かって歩き、滑川の河口で湘南道路に上がる。橋を渡って若宮大路に折れ、和田塚駅へ向かう。

　無心庵は和田塚駅のホームに近接し、テレビにもよく紹介される人気の甘味処。和田塚駅は無人駅で、東口からホームに上がり西口で下り、線路を渡って店に入る。この辺り、江ノ電は住宅地の間を縫って走っている。

　無心庵は古民家の佇まいで居心地がよくのんびりする。駅はすぐそこ。店を出て、ホームに上がって間もなく、藤沢駅行きの電車がやってきた。

「無心庵」　鎌倉市由比ヶ浜
クリーム豆かん　700円

鎌倉散策（七）

2017 年 8 月 5 日（土）

　今回の計画は長谷エリアの高徳院、光則寺、成就院。藤沢駅から江ノ電に乗り長谷駅で下車、長谷通りをまっすぐ高徳院へ向かう。

高徳院

　与謝野晶子が「美男におわす」と詠った阿弥陀如来（国宝）、いわゆる鎌倉大仏は昨年3月、半世紀ぶりの大規模な傷み具合の調査や清掃作業が終了した。さらに美男に磨きがかかったか、久しぶりの対面である。

　しかし目がくらむほど暑い。早々と大仏裏手の木陰に逃げ込んでしまった。ここには与謝野晶子の歌碑と観月堂が建つ。観月堂は「鎌倉三十三観音霊場第二十三番札所」である。

　十一面観音、千手観音、如意輪観音など、観音菩薩は衆生を救う時、三十三の姿に変化するという信仰によって、三十三の霊場巡りが古くから全国に広まっていた。西国三十三観音霊場、坂東三十三観音霊場などがある。高徳院観月堂には聖観音が祀られている。

　「鎌倉三十三霊場」のうち、この「鎌倉散策」で私が訪れたこと

鎌倉大仏

与謝野晶子歌碑

観月堂

があるのは高徳院の他に、杉本寺（十一面観音）、長谷寺（十一面観音）、来迎寺（如意輪観音）、瑞泉寺（千手観音）、明王院（十一面観音）、浄妙寺（聖観音）、補陀落寺（十一面観音）、光明寺（如意輪観音）など、十七の霊場に及ぶ。

　高徳院を出て、長谷寺の参道入口に建つ「以志橋」へ入店し昼食とする。

　昼食後、長谷通りを高徳院方面に少し戻り、長谷寺参道の隣の路地に入って光則寺に向かう。

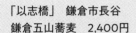

「以志橋」　鎌倉市長谷
鎌倉五山蕎麦　2,400円

光則寺

　山門の賽銭箱に拝観料を納め境内に入る。光則寺は花の寺である。樹齢200年以上といわれるカイドウという古木が有名で、春に淡い桃色の花を咲かせるらしい。
　詳細な「山野草と茶花マップ」をいただくが、老眼の私には厳しく、サクラ、ウメ、ツバキ、キンモクセイ、ツツジ、アジサイ、ハナショウブ、サザンカ……と、びっしり小さい字で書き込まれている。草木の種類が他の寺よりも圧倒的に多いらしい。
　サザンカといわれても花が浮かばないほど、草木について門外漢の私には、このマップは豚に真珠、馬の耳に念仏である。でも、花が好きな方にはたまらないものだろう。

山門

日朗上人土牢

　光則寺は1274年、宿屋光則が日朗上人を開山として寺に自分の名をつけて創建した。宿屋は鎌倉幕府5代執権北条時頼の家臣で、日蓮聖人流罪の際、日蓮聖人を師と仰ぐ日朗上人を土牢に幽閉したが、その後、宿屋は日朗上人に帰依し、日蓮宗の光則寺を建てたといわれる。

　なぜ宿屋は土牢に幽閉した日朗上人に帰依したのか。幽閉は監禁ではなく、土牢からの出入りは自由であったらしいが、それほど日朗上人の徳が高かったからか、北条時頼の命令に逆らえずしぶしぶ幽閉していたのか、いろいろ想像してみると面白い。今も境内裏手に日朗上人を幽閉したと伝わる土牢が残されている。

　光則寺から長谷駅に戻り、極楽寺切通を通って成就院へ向かう。

成就院

　山門前でふり返った景色は圧巻である。由比ヶ浜から材木座海岸まで見渡せ、砂浜は色とりどりのパラソルに大勢の海水浴客で埋め尽くされている。夏ならではの風景であろう。

　成就院訪問は二回目である。本堂は非公開で前回拝観できなかっ

山門からの展望

本堂

古代蓮の花が咲く

た。後日、拝観できる特別な日はないか問い合わせてみたところ、そのような機会は設けていないとのことだった。

　境内に入ると、本堂の扉が半開きになっている。もしやと思い、急いで近づくが、ガラス戸には山門の屋根が映り、暗い本堂の中はまったく見えない。本堂には本尊不動明王が祀られているのだが、残念ながら手をかざして見ても本尊を認めることはできなかった。

　蓮の花が目に入る。驚いたことに、ここにも古代蓮があり、しかも鉢で栽培されている。この暑い中、淡い紅色の花は清々しく感じる。

　成就院を後にし、極楽寺駅から江ノ電に乗り、腰越駅で下車。製造工場に併設されたアイスキャンデーの直売所へ向かう。

　ここには小豆ミルク、北海道ミルク、キウイなどの定番の他に、「かながわさん」がある。たぶん「神奈川産」だろう。これが目当てであったのに、この時季は製造していなかった。「かながわさん」は地元産の果物を材料にしたもので、店員の話では、イチゴ、メロンとあったらしい。農家の都合とともに、夏は定番の製造で忙しく、「かながわさん」まで手が回らないという。仕方ない。定番のマン

併用軌道を走る江ノ電

ゴーで我慢する。

　それにしても暑い。店先で食べるアイスがどんどん溶けてくる。

　パオーン、パオーン。江ノ電が警笛を鳴らす。対向車が道路の端に寄って一時停止する。イグル氷菓の店の前の道路は車と一緒に電車も走る。腰越駅・江ノ島駅間は道路上に江ノ電のレールが併設されている。「併用軌道」といって全国でも珍しい。江ノ電は上りも下りも12分間隔。しばらく店の前にいて、その珍しい光景を写真に収めた。

　徒歩で江ノ島駅へ向かう。「龍口寺」交差点で江ノ電の軌道と別れ、細い道に入れば江ノ島駅が見えてくる。途中、和菓子店「辰己屋」に立ち寄り水羊羹など数点買い求める。包装紙に「創業文化五年」とあった。

　江ノ島駅から江ノ電に乗り、藤沢駅へ向かい帰路に就く。

鎌倉の寺 おすすめ 10 選

　この「鎌倉Ⅰ・Ⅱ編」には、永福寺跡も含め23のお寺を訪れた記録を収めています。宗派別で見れば、臨済宗 7 寺、真言宗 6 寺、浄土宗 5 寺、天台宗 2 寺、それに時宗、律宗、日蓮宗は各 1 寺になります。

　ここでその23の中からお勧めしたいお寺を、私の主観で10寺選んで紹介します。選ぶに当たって私が好むお寺とはどういうものか考えてみました。

　鎌倉には杉本寺と長谷寺以外、中世に創建されたお寺が圧倒的に多いのですが、それでも、

　古い歴史と風格が感じられること。

　静かで落ち着くこと。

　いい仏像があること。

の三つに絞られます。ただ、前述したように私は草花については門外漢でほとんど無知に近いので、「花の寺」で有名なお寺は選んでいません。また、地元とはいえ鎌倉のお寺に全部行ったわけではありませんので、ご不満の読者の方がおられるかと思います。

　なお、紹介する順序は便宜上のものでお勧め順ではありません。

円覚寺

　北鎌倉に行ったら必ず訪ねたい寺である。三門（山門）を見上げて石段を上っていくと、三門の全容が力強く現れてくる。三門の結界をくぐれば空気が変わる。三門と仏殿の間の静かな広場が好きだ。ここで心を落ち着かせ仏殿をお参りする。

　仏殿の宝冠釈迦如来は必見である。菩薩のように宝冠をかぶり、きらびやかな装身具を身に着ける。釈迦如来にしては珍しい。

円応寺

　閻魔堂に十王が並ぶ。特に閻魔王が圧巻である。十王思想を

調べて行けば、なおさら感慨を受けるだろう。

浄光明寺

　見どころは何といっても阿弥陀如来。鎌倉独特の装飾「土紋」が衣に施されている。宝冠をかぶった阿弥陀如来は珍しい。

光明寺

　ここは常に開放されたお寺で、本堂の拝観は無料で自由。畳敷きの広い本堂で阿弥陀三尊を前に何時間でも心静かに過ごすことができる。枯山水の庭園を眺め、読書に耽るのもいいだろう。これが本来のお寺の姿であろう。

　私は必ず材木座海岸に出て、色とりどりのウインドサーフィンを見ながら海の香りを嗅いでいる。

高徳院

　お勧めはもちろん露座の鎌倉大仏（阿弥陀如来）。11.39メートルと大きい。周りを回っていろいろなアングルで大仏を眺めてほしい。今のところ、左斜め前方からが私のベストショットである。

成就院

　本堂の不動明王は拝観できないが、山門前からの景色は素晴らしい。紫陽花の群生を前景に、遠くに由比ヶ浜から材木座海岸の海が広がる。

田谷の洞窟（定泉寺）

　蝋燭の手明かりで洞窟内を参拝する。洞窟内の天井や壁に浮き彫りされた龍や獅子、五大明王などは一見の価値がある。四国八十八霊場の修行道場や高野山奥之院には淡い光が灯され神秘的でもある。

来迎寺

　「仏像は単なる美術品として安置しているのではなく、信仰の

対象としてお祀りしています。拝観の申し出はインターホンを通してお願いします」の貼り紙に敷居の高さを感じてしまうが、妖艶な如意輪観音は必見である。

史跡永福寺跡

源頼朝が建立したお寺があったことに驚いた。永福寺は宇治平等院鳳凰堂を想起させる規模であった。鎌倉市が発掘調査をし、史跡公園として整備を進めていたが、現在、すでに整備は終わり、池は水を湛え、朱色の欄干の橋が架かっている。

覚園寺

薬師堂の薬師三尊や十二神将もさることながら、緑に囲まれた山寺の雰囲気が素晴らしい。紅葉は鎌倉随一といわれる。私が訪れた時は青紅葉が初夏の淡い光を浴びて、透き通るようにみずみずしかった。ただ、草花や樹木も撮影禁止とは残念である。

僧侶の案内なしでは入れない。コロナ禍は個人の自由拝観であったが、今はどうなっているだろうか。

（2023年5月）

番外編

浄楽寺・願成就院・かんなみ仏の里美術館

写真：願成就院大御堂

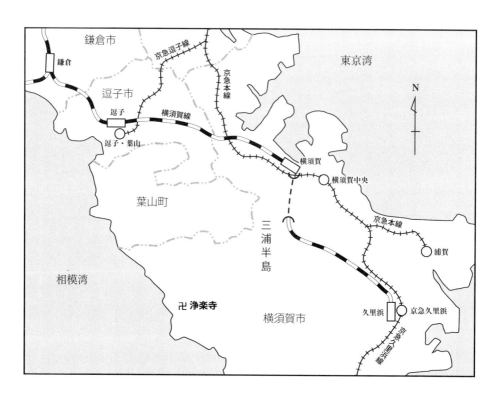

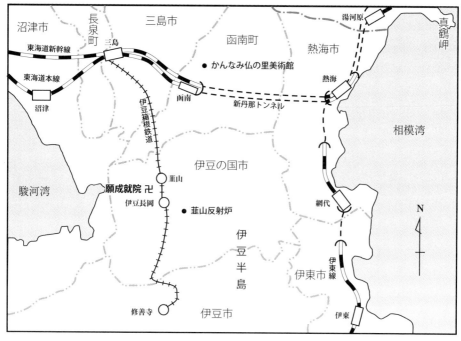

阿弥陀如来　運慶作　鎌倉時代
浄楽寺（P.191）

毘沙門天　運慶作　鎌倉時代　浄楽寺
（P.191）

阿弥陀如来　運慶作　鎌倉時代
願成就院（P.194）

不動明王　運慶作　鎌倉時代
願成就院（P.194）

浄 楽 寺　運慶仏特別拝観

2016 年 10 月 27 日（木）

　「神奈川県退職教職員の会」の会報で親睦企画「芦名浄楽寺で運慶仏特別拝観」の募集を知り、早速、応募した。

　浄楽寺が創建された時代や経緯は明確ではないが、源頼朝の挙兵に参加した三浦氏一族の武将和田義盛が建立した阿弥陀堂が起源ともいわれ、鎌倉時代初期、和田義盛を願主として運慶により制作された仏像5体を有する。いずれも国指定重要文化財。浄楽寺は鎌倉光明寺の寂恵によって開山されたといわれる。

　運慶が確実に関与したとされる仏像は多くはない。多くの研究者に認められているのは31体ほど、そのうち確定できる作品は18体、その18体中、県立金沢文庫の大威徳明王を含め、6体がこの神奈川の地に存在することは大変貴重である。

　運慶の作品は意外と東国に多く現存している。運慶の作風の特色の一つは写実性、もう一つは力強さと重量感である。これが東国の武士に受け入れられ、多くの造像を求められたという。

　京浜急行新逗子駅に集合し、バスで浄楽寺へ向かう。

　浄楽寺の境内はさほど広くはない。本堂裏手の収蔵庫へ案内される。収蔵庫の正面に阿弥陀三尊、その右に不動明王、左に毘沙門天と、運慶仏5体が安置されている。

　5体は初め成朝作と見られていたが、1970年の解体修理時に取り出された銘札や内部の墨書により、和田義盛の発願によって運慶が弟子10人とともに制作したと確認された。

　阿弥陀如来坐像（主尊）：木造寄木造、来迎印、像高141.8cm

本堂

観音菩薩 立像（左脇侍）：木造寄木造、像高178.8cm
勢至菩薩 立像（右脇侍）：木造寄木造、像高177.1cm
不動明王 立像：木造寄木造、玉眼、像高135.5cm
毘沙門天 立像：木造寄木造、玉眼、像高140.5cm

　浄楽寺拝観後、バスで県立城ヶ島公園へ。散策、昼食の後、三崎港直送センターへ移動し、ここで解散。私は京浜急行三崎口駅より帰路に就く。

　翌年、東京国立博物館「運慶展」に浄楽寺の5体も展示された。この展覧会開催中に収蔵庫を改修することが新聞に報じられた。免震装置を入れるなど収蔵庫全体を改修するらしい。その資金集めのクラウドファンディングに私もわずかばかり協力させていただいた。収蔵庫完成後はまだ浄楽寺を訪ねてはいない。ぜひ行ってみたいと思っている。

東京国立博物館「運慶展」

　〈平安時代末期から鎌倉時代初めにかけて活躍、世界屈指の彫刻家といっても過言ではない運慶。天才仏師の代表作を一堂にそろえた特別展がこの秋、国立の博物館で初めて開かれる〉
　〈日本美術史上の大スターの作品が、現存31体（推定を含む）のうち22体もそろった傑作展だ。寺に安置された状態とは違って、多くはぐるり360度から鑑賞できる。運慶らしいボリューム感がよく伝わってくると評判を呼んでいる〉
　2017年秋、東京国立博物館で「運慶展」が催され、足を運んだ。展覧会の魅力は、仏像を比較的明るい照明のもとで間近に鑑賞できること、また、背面や台座裏などが鑑賞できることであろう。
　会場入口正面に、運慶20代の処女作といわれる大日如来が坐す。奈良円成寺でこれを初めて拝見したのは2015年秋である。その時はガラスが息で曇るほど顔を近づけ食い入るように見た。

　しかし今回は遮るガラスはなく、正面から横から後ろからとじっくり拝見した。

　浄楽寺の阿弥陀三尊、不動明王、毘沙門天5体も展示されていた。これらを初めて拝見したのは2016年秋である。その時の印象とまったく異なる。浄楽寺の収蔵庫より倍以上広い空間で、朱色の背景に金箔が映え、照明の効果もあってか、別の仏像のように見えた。

　時代の申し子というべきか、激動の時代が天才仏師運慶を生んだのだろう。運慶が生きた平安時代から鎌倉時代にかけては激動の時代だった。京を中心に権勢を誇った貴族が影を潜め、代わって各地で武家が台頭してゆく。源氏と平家が権力を争い、やがて東国鎌倉に幕府を置いた武家の時代がやってくる。新しい世の風は、運慶の作風にも影響を与えただろう。武家の求めもあって、運慶仏の特徴の一つ、「力強さ」「躍動感」は武士にもてはやされたのだろう。

　玉眼など、運慶仏の特徴のもう一つに「写実性」がある。これは、貴族や武家をはじめ、あらゆる人々の願いに応えたという。現世の苦しみの代わりに極楽往生を祈った時代、「仏は確かにいる」という現実感、実在感を人々は願っていた。

　私は、運慶は静的で形式化した貴族時代の仏像に決別し、仏像に革命を起こしたことにスーパースターである由縁があると思う。

伊豆の運慶仏を訪ねて

願成就院からかんなみ仏の里美術館へ

2021年11月19日（金）

　新型コロナウイルスの感染拡大の第5波による緊急事態宣言が延長、再延長され、ようやく9月末に解除された。解除後、第6波が懸念されるものの、今は、感染は急速に減少している。

　第5波のさなか、毎年秋に仏像巡りをしていた京都や奈良、高野山は避け、今秋は近場の願成就院を計画した。願成就院には運慶仏が5体あることは4年前の東京国立博物館「運慶展」で知っていた。

　小田原駅から新幹線で三島駅へ、三島駅で伊豆箱根鉄道に乗り換え、韮山駅で下車、徒歩で願成就院に向かう。

願成就院

　1189年、鎌倉幕府初代執権北条時政によって建立。源頼朝の奥州平泉討伐の戦勝祈願のためというよりは、北条氏の氏寺として創建されたものと考えられている。

　願成就院に着くや早速受付を済ませ、僧侶の案内で運慶仏のある大御堂の中へ入る。

　正面に阿弥陀如来が坐し、左に不動明王と制吒迦・矜羯羅二童子、右に毘沙門天が立つ。これらは戦火を免れ現在に残っている。不動明王や毘沙門天の眼は玉眼で生き生きとしているが、阿弥陀如来の玉眼は戦火によって失い、説法印は傷つき、その形を留めていない。

　像内に納められていた銘札などから運慶の作と認められ、国宝に指定された。運慶の第三作といわれ、東日本に現存する最古の運慶仏である。浄楽寺の阿弥陀三尊、

大御堂

本堂　　　　　　　　　　　　　　境内にはたくさんの石像が並ぶ

不動明王、毘沙門天の５体も銘札によって運慶の第四作と確認されている
が、こちらは国指定重要文化財で国宝ではない。なぜか。案内の僧侶によ
ると「第四作だからではなく、銘札に運慶以外の仏師の名も記されており、
運慶一人の造像と認められないから」とのこと。

　大御堂の裏に建つ宝物館にはその銘札が展示されており、「運慶」の墨
書を見ることができる。また、宝物館には地蔵菩薩坐像と北条時政像も並
んで安置されている。

　茅葺きの本堂には阿弥陀如来坐像が祀られているというが、公開されて
いないようだ。

　境内には所狭しと石像が立ち並んでいる。新しい石像が多い。これら
は地元の石工の指導によって一般の人がさまざまな願いを込めて造立した
もので、現代版五百羅漢である。

　案内してくれた僧侶は外国の方で、国はイギリスだと言う。日本の僧侶
になった経緯などとても関心があったが、興味本位で話を伺うのは失礼な
ことなので言葉を呑み込んだ。

　山門や大御堂には「北条義時ゆかりの地」の幟が立つ。願成就院は北条
時政、２代執権義時、３代執権泰時の三代にわたって次々に伽藍を拡大し
繁栄した。平泉毛越寺を模し、当時は広大な池の周りに堂や塔が建ち並ぶ
伊豆屈指の大寺院であったが、その後、たびたびの戦火に見舞われ多くの
寺宝を失ったという。現在は小さな境内であるが、発掘調査の結果、池の
跡地も明らかにされ、国の史跡に指定されている。

　願成就院を後にして韮山反射炉に向かう。計画では韮山駅へ戻り、函南

駅に行く予定であったが、せっかく韮山まで来たのだから有名な反射炉を見学しようと思った。

願成就院からスマホのナビに案内され進んだが、これが遠かった。伊豆長岡駅前を通り、さらに川沿いに歩いてようやく辿り着いた。40分ほどかかった。韮山反射炉のパンフレットには「伊豆長岡

韮山反射炉

駅から徒歩約25分、タクシー約5分」とある。ということは、願成就院から韮山駅に戻り、伊豆長岡駅から歩いても時間に大差はないということだ。

韮山反射炉は大砲鋳造のため造られた溶解炉である。幕末、ペリー来航を受け、海防のための大砲製造が急務であった。ここで造られた大砲は品川台場に運ばれたという。

この時代、どうやって鉄を溶かしたのか。石炭を燃やして発生した熱や炎をドーム状の天井で反射させ、一点に集中させることによって千数百度の高温にしたという。これが「反射炉」と呼ばれる由縁である。

韮山反射炉は稼働を終えた後も、修理を重ねながら今日まで保存され、「明治日本の産業革命遺産」の一つとして世界文化遺産に登録されている。

反射炉ビアレストランで昼食をとり、往路を伊豆長岡駅まで戻って伊豆箱根鉄道に乗り三島駅へ。ここで東海道本線に乗り換えて函南駅へ向かう。目的地は「かんなみ仏の里美術館」である。

函南駅前にはタクシーが止まっていたが、徒歩で仏の里美術館に行くことにする。スマホのナビを仏の里美術館に設定し、最短距離を選んで函南駅を出発する。

上りの車道が続く。しばらくして車道から外れて山の中に入っていく。道は舗装されてはいるが狭い。人家もまばらになり、そのうちなくなる。息が切れては立ち止まり、休み休み上っていく。ようやく道は下りに変わり、ほっとする。しばらく下って車道に降り立つ。ひと山越えるこの道は

最短とはいえきつかった。仏の里美術館はもうすぐそこである。

「かんなみ仏の里美術館」は10年ほど前、函南町がここ桑原地区に保存されていた仏像を展示してオープンした。田園の中に建つ静かな美術館で、今、見学者は私一人である。

美術館入口

かんなみ仏の里美術館

受付を済ませ仏像展示室に入るや、薬師如来とずらりと並ぶ十二神将に私の目は引きつけられた。薬師如来はふくよかで柔和な顔をしている。1メートルも満たない小ぶりな十二神将は、それとは対照的に忿怒の形相で躍動感に溢れる。

仏像展示室は暗く、室内全体が暗褐色にまとめられ、淡い照明が一つひとつの仏像を浮き立たせている。目を移すと阿弥陀三尊。さらに目を移すと、聖観音、地蔵菩薩、毘沙門天、不動明王が立ち並ぶ。

阿弥陀三尊は鎌倉時代のもので国の重要文化財に指定されている。これに対し、私の目を奪った薬師如来と十二神将は平安時代のもので古いのに県有形文化財である。それは阿弥陀三尊が慶派の仏師実慶の作だからである。実慶作の仏像を展示するのは国内唯一という。

でも私は、また薬師如来と十二神将一つひとつを食い入るように見ていく。十二神将それぞれの下に鏡が上向きに置いてあることに気づく。なぜ鏡が。それはすぐに分かった。上からの照明を鏡に反射させ、十二神将に下から間接的に光を当てているのだ。受付のボランティアガイド*の女性が「仏像を美術品として展示しています」と言っていたが、美術品に徹し、この照明の工夫には感心してしまった。展示室を出て、女性にそれを伝えると、「よく気づいてくれました」「東京国立博物館から学びました」と言う。

ここの仏像は里人の厚い信仰心によって、明治の廃仏毀釈の嵐の中も守られてきたという。今も残る桑原薬師堂に初めは納められていたが、薬師堂の老朽化や土砂崩れなどの災害が懸念されていた。そんな折、阿弥陀

三尊が国の重要文化財に指定されたのを機に、函南町が美術館の建設に動き出したという。

日本の仏像はたびたびの戦火や廃仏毀釈の中、僧侶や里人の尽力によって守られてきたのだ。ボランティアガイドの女性からこの美術館の成り立ちを伺い、そう思った。

美術館は二つの建物がL字型に結ばれた
斬新な設計である

＊美術館を開館するに当たり、函南町は仏像や歴史の解説を行うボランティアガイドを育成した。

美術館の外に出て建物全体を振り返る。L字型に結ばれた二つの建物の色は風景に調和し、二つの屋根は四角錐で、住民が集う場をイメージして設計されたという。設計コンセプトは「堂としての佇まいのある建物」「環境と融合した建物」の二つである。

いい美術館である。こんな山里にこんな美しい美術館があることに信じられない思いだ。薬師如来と十二神将を拝見しにまた来たいと思う。

帰りの函南駅までは、ボランティアガイドの女性から地図をいただき、少し遠回りではあるが、田園風景の中、車道を下っていった。

NHK大河ドラマ『鎌倉殿の13人』

私は学生時代、歴史、特に日本史が好きだったこともあり、大河ドラマをよく見るほうだと思う。今までの中で印象に残るものは、綾瀬はるか主演の『八重の桜』(2013年)、堺雅人主演の『真田丸』(2016年)、それに2022年放送された小栗旬主演の『鎌倉

殿の13人』である。これは『真田丸』に続く三谷幸喜3本目の脚本で、舞台が地元神奈川県の鎌倉ということもあって毎週興味深く見ていた。

大河ドラマが、源平の戦いから、源頼朝の死後、北条の執権政治が確立していく時代を描くのは珍しいと思う。歴史家・呉座勇一の新聞コラムによれば〈大河ドラマで頻繁に取り上げられる時代は、戦国時代と幕末維新である。源平合戦も結構人気だが、源平合戦と戦国時代の間の、鎌倉・南北朝・室町時代を舞台にした作品はわずかだ〉（朝日新聞「呉座勇一の歴史家雑記」）という。

北条政子（小池栄子）が惚れた源頼朝（大泉洋）に色目を使ったり、八重（新垣結衣）が口説こうとした頼朝にビンタしたりと、おおよそ当時ではあり得ないことを現代的にコミカルに描く。『真田丸』のきり（長澤まさみ）を引き合いに出して〈現代的価値観を作品の基調にするのではなく、スパイス的に用いるべきなのだ〉と述べる呉座にとって、『鎌倉殿』の評価はどうなのだろう。しかし私は、ドラマはドラマであって、史実から大幅に逸脱しなければ現代的な脚色は許されるだろうと思う。三谷幸喜は歴史書『吾妻鏡』や『愚管抄』などをよく調べた上でのことだから。

『鎌倉殿』で私が最も注目したのは登場人物の仏への信心である。頼朝が観音菩薩に念仏を唱える場面がたびたび画面に現れた。今までの大河ドラマではあまりなかった気がする。また、頼朝は源義経や藤原泰衡など奥州合戦の戦没者の慰霊のため永福寺（廃寺）を創建し、初代執権北条時政（坂東彌十郎）は願成就院を、2代執権北条義時は覚園寺の起源である薬師堂を、3代執権北条泰時（坂口健太郎）は成就院を建立している。

上総広常（佐藤浩市）が謀反の疑いをかけられ殺されて以来、殺伐とした話が続く。頼朝はその力を恐れた源義経（菅田将暉）を殺し、頼朝死後も北条との権力争いで比企能員（佐藤二郎）は殺され、挙げ句は二代将軍源頼家（金子大地）まで暗殺された。親も子も、孫も、兄弟も、鎌倉幕府の存続や北条が権力を握るのに邪魔になる者を次々に殺す。これに北条義時は関与している。『鎌倉殿』は残酷なドラマである。この「残酷」という言葉も現

代的価値観にすぎないが。

　しかし思うに、殺した者の怨霊を恐れていたに違いない。その怨霊を鎮めるために持仏に念仏を唱えたり、寺院を建立したのだろう。背景に平安末期から鎌倉時代にかけて広く浸透していた末法思想があろう。危機感をかきたてられ、仏にすがるしかなかったのだろう。

　『鎌倉殿』に仏師運慶（相島一之）が登場する。初めて登場したのは北条時政の発願で造った阿弥陀三尊を安置した場面である。願成就院であろう。次に登場したのは第33回、この時の北条義時との会話が忘れられない。

　「小四郎（義時）、何年ぶりだ」

　「15年になりますね」

　「おまえ、悪い顔になったな」

　「それなりに、いろいろありましたから」

　「だが、まだ救いはある。おまえの顔は、悩んでいる顔だ。己の生き方に、迷いがある。その迷いが救いなのさ。悪い顔だが、いい顔だ。ああ、いつか、おまえのために仏を彫ってやりたいな。うん、いい仏ができそうだ」

　「ありがとうございます」*

　　　　　　　　　　　　　＊NHK大河ドラマ『鎌倉殿の13人』より引用

寺社案内

【奈良編】

室生寺
<small>むろうじ</small>

奈良県宇陀市室生

創建は 8 世紀に遡る山岳寺院で、宇陀川の支流室生川の北岸にある室生山の山麓から中腹に堂塔が散在する。平安時代前期の建造物や仏像を伝え、境内は石楠花の名所としても知られる。女人禁制の高野山に対して、古くから女性の参詣が許されていたことから「女人高野」と呼ばれた。真言宗室生寺派の大本山。本尊は如意輪観音菩薩。近鉄室生口大野駅よりバスで室生寺前下車。

大野寺
<small>おおのじ</small>

奈良県宇陀市室生大野

創建の正確な経緯は不明。室生寺の西の大門に位置し、宇陀川岸の自然岩に刻まれた弥勒磨崖仏があることで知られ、枝垂桜の名所としても知られる。真言宗室生寺派。本尊は弥勒菩薩。近鉄室生口大野駅よりバスで大野寺下車。

聖林寺
<small>しょうりんじ</small>

奈良県桜井市下

藤原鎌足の子・定慧が 8 世紀に創建。奈良盆地を見下ろす小高い位置にある。本尊石造地蔵菩薩が子安延命地蔵菩薩として信仰を集めている。奈良時代国宝の十一面観音菩薩を所蔵することで知られる。真言宗室生寺派。JR・近鉄桜井駅よりバスで聖林寺前下車。

法隆寺
<small>ほうりゅうじ</small>

奈良県生駒郡斑鳩町

飛鳥時代、聖徳太子によって創建されたと伝えられる。斑鳩寺ともいう。金堂、五重塔を中心とする西院伽藍は現存する世界最古の木造建造物で、

古代寺院の姿を現在に伝える。建造物は法起寺とともに1993年に「法隆寺地域の仏教建造物」としてユネスコの世界遺産に登録された。建造物以外にも、飛鳥・奈良時代の仏像、仏教工芸品など多数の文化財がある。聖徳宗の総本山。本尊は釈迦三尊。JR法隆寺駅よりバスで法隆寺前下車。

中宮寺(ちゅうぐうじ)

奈良県生駒郡斑鳩町

飛鳥時代、聖徳太子が母后(ぼこう)のために創建した法隆寺に隣接する日本最古の尼寺。斑鳩尼寺や中宮尼寺ともいう。聖徳宗。本尊はアルカイックスマイルで知られる菩薩半跏像(ぼさつはんか)（伝如意輪観音）。JR法隆寺駅よりバスで中宮寺前下車。

法輪寺(ほうりんじ)

奈良県生駒郡斑鳩町

創建の詳細は不明。法隆寺東院の北方に位置し、三井寺(みいでら)ともいう。現存する三重塔は1975年の再建である。聖徳宗。本尊は薬師如来。JR・近鉄王寺駅よりバスで中宮寺前下車。

法起寺(ほうきじ)

奈良県生駒郡斑鳩町

聖徳太子の建立と伝えられるが、寺の完成は太子が没して数十年後のことである。寺名は20世紀末頃まで「ほっきじ」と読んでいたが、現在、寺では「ほうきじ」を正式とする。これは、法起寺が法隆寺とともに世界遺産に登録されるに当たり、「法」の読み方を法隆寺に合わせたという。長年の親しみもあり、今でも「ほっきじ」と読む人は多い。聖徳宗。本尊は十一面観音菩薩。JR法隆寺駅よりバスで法起寺前下車。

唐招提寺(とうしょうだいじ)

奈良県奈良市五条町

多くの苦難の末、奈良時代に来日した唐の僧鑑真(がんじん)が修行の道場として開いたのが始まり。現在では、奈良時代建立の金堂、講堂が天平の息吹を伝える貴重な伽藍となっている。1998年に「古都奈良の文化財」の構成資産

の一つとして世界文化遺産に登録されている。律宗の総本山。本尊は盧舎那仏。近鉄西ノ京駅より徒歩10分。

薬師寺

奈良県奈良市西ノ京町

飛鳥時代、天武天皇の発願により藤原京に建立。平城京遷都に際し、現在地の西ノ京に移転した。「古都奈良の文化財」の構成資産の一つとして世界文化遺産に登録されている。法相宗の大本山。本尊は薬師三尊。近鉄西ノ京駅より徒歩３分。

円成寺

奈良県奈良市忍辱山町

奈良市街、柳生街道沿いに位置する。寺の縁起によれば奈良時代の開創と伝えられるが、史実的には平安後期に十一面観音菩薩を祀ったのが始まりとされる。若き運慶の作である大日如来を所蔵する。平安後期の浄土式庭園や、鎌倉時代の春日堂、白山堂など長い歴史を物語る遺構が多数遺されている。真言宗御室派。本尊は阿弥陀如来。近鉄奈良駅よりバスで忍辱山下車。

東大寺

奈良県奈良市雑司町

奈良時代に聖武天皇が国力を尽くして建立。のちに、兵火で被害を受けるもそのたびに復興。奈良時代の遺構として法華堂、正倉院などとともに創建当時の不空羂索観音菩薩をはじめ、各時代の美術品・文化財を多数遺している。江戸前期、再建された大仏殿は日本最大の木造建造物。「古都奈良の文化財」の構成資産の一つとして世界文化遺産に登録されている。華厳宗の大本山。本尊は盧舎那仏（奈良大仏）。JR・近鉄奈良駅よりバスで大仏殿春日大社前下車。

興福寺

奈良県奈良市登大路町

飛鳥時代、藤原鎌足の病気平癒を願い、京都山科に創建したのが始ま

り。平城京遷都に際し、藤原不比等が現在地に移転した。藤原氏の氏寺で古代から中世にかけて強大な勢力を誇った。1998年に「古都奈良の文化財」の構成資産の一つとして世界文化遺産に登録されている。法相宗の大本山。本尊は中金堂の釈迦如来。近鉄奈良駅より徒歩2分。

金峯山寺

奈良県吉野郡吉野町吉野山

金峯山修験本宗（修験道）の総本山。吉野山は古来より山岳霊場である。また、桜の名所として知られ、南北朝時代は南朝の中心地でもあった。吉野は、和歌山県の高野山と熊野三山の霊場を結ぶ巡礼路とともに世界遺産「紀伊山地の霊場と参詣道」の構成要素になっている。本尊は蔵王権現。近鉄吉野駅よりロープウエーで吉野山駅下車。

如意輪寺

奈良県吉野郡吉野町吉野山

後醍醐天皇の勅願寺。金峯山寺とは谷一つ挟んだ山の中腹に位置する。桜の季節には麓の下千本に対し、如意輪寺付近は中千本の名所として賑わう。浄土宗。本尊は如意輪観音菩薩。近鉄吉野駅よりバスで如意輪寺口下車。

【京都Ｉ編】

神護寺

京都市右京区梅ヶ畑高雄町

京都の北西に位置する山岳寺院で紅葉の名所として知られる。創立年代は未詳だが、空海が真言道場とした高雄山寺を神護寺と改めた。空海は東寺や高野山の前に一時布教の拠点とし、最澄もここで法華経の講義をしたことがあるなど、日本仏教史上重要な寺院である。空海入定後、大火に遭うなどして荒廃するも、平安末期に文覚によって再興された。高野山真言宗。本尊は薬師如来。JR京都駅よりバスで山城高雄下車。

西明寺
（さいみょうじ）

京都市右京区梅ヶ畑槇尾町

平安時代、空海の高弟智泉によって神護寺の別院として建立。平安末期に荒廃するも、鎌倉時代に中興され、神護寺より独立した。真言宗大覚寺派。本尊は釈迦如来。JR京都駅よりバスで槇ノ尾下車。

高山寺
（こうさんじ）

京都市右京区梅ヶ畑栂尾町

もともとここにあった神護寺の別院が荒廃した跡に、鎌倉時代に文覚の弟子明恵が再興し高山寺とした。国宝「鳥獣人物戯画」を所有する。真言宗系の単立寺院。JR京都駅よりバスで栂ノ尾下車。

鞍馬寺
（くらまでら）

京都市左京区鞍馬本町

鞍馬山の南斜面に位置し、広大な寺域のほとんどがモミやツガの原生林で豊かな自然環境を残す。奈良時代、鑑真の高弟・鑑禎が草庵を結び、毘沙門天を安置したのが始まりで、平安時代になって堂塔伽藍が建てられた。牛若丸（源義経）が修行をした地としても有名で、牛若丸ゆかりの史跡が多く点在する。鞍馬弘教の総本山。本尊は尊天（毘沙門天、千手観音、護法魔王の三身一体）。JR京都駅よりバスで出町柳駅前下車、叡山電鉄に乗り換え、鞍馬駅下車。

永観堂
（えいかんどう）

京都市左京区永観堂町

創建は9世紀に遡る。正式には禅林寺という。11世紀後半、永観が浄土宗をもって中興したことから、永観堂の名で呼ばれるようになった。紅葉の名所として知られ、古くより「秋はもみじの永観堂」といわれる。浄土宗西山禅林寺派の総本山。本尊は阿弥陀如来。JR京都駅よりバスで南禅寺・永観堂道下車。

三十三間堂
（さんじゅうさんげんどう）

京都市東山区三十三間堂廻町

正式には蓮華王院本堂という。元は平安時代末期、後白河法皇が平清盛に資材協力を命じて完成させた仏堂。その後焼失したが、鎌倉時代に再建され、現在「三十三間堂」として遺されている。本尊千手観音坐像の左右に1000体の千手観音が整然と立ち並ぶさまは華やかである。天台宗。JR京都駅よりバスで三十三間堂前下車。

東寺

　京都市南区九条町

　平安時代、西寺とともに鎮護国家のために建立された官立寺院。嵯峨天皇より空海に下賜された後は、真言密教の根本道場として栄えた。教王護国寺とも呼ばれる。講堂の仏像群で構成される立体曼荼羅は空海がプロデュースした世界である。1994年に「古都京都の文化財」の構成資産として世界遺産に登録された。真言宗の総本山。本尊は薬師三尊。JR京都駅より徒歩15分。近鉄東寺駅より徒歩10分。

浄瑠璃寺

　京都府木津川市加茂町

　創建は平安時代後期。浄土式庭園で、池を挟んで東に薬師如来の三重塔、西に九体阿弥陀如来の阿弥陀堂が建ち、浄土の光景が現わされている。「九体寺」の通称があり、当時京都を中心に多数建立された九体阿弥陀堂の唯一の遺構として貴重である。真言律宗。本尊は九体阿弥陀如来、薬師如来。JR・近鉄奈良駅、または関西本線加茂駅よりバスで浄瑠璃寺前下車。

岩船寺

　京都府木津川市加茂町

　創建は奈良時代と伝わる。岩船寺や浄瑠璃寺付近には当尾石仏群があり、ハイキングコースとしても人気が高い。真言律宗。本尊は阿弥陀如来。JR・近鉄奈良駅よりバスで岩船寺口、または関西本線加茂駅よりバスで岩船寺下車。

【京都II編】

延暦寺
えんりゃくじ

滋賀県大津市坂本本町

平安時代初期、最澄により開創された天台宗の総本山。比叡山そのものが延暦寺で、大きく東塔・西塔・横川という三つのエリアの伽藍を総称して延暦寺という。千日回峰行でも知られる。本尊は薬師如来。1994年に古都京都の文化財の一部として世界文化遺産に登録された。叡山電鉄八瀬比叡山口駅よりケーブル、ロープウエー、シャトルバスを乗り継ぎ、延暦寺バスセンター下車。JR京都駅より直通バスもある。また、滋賀県大津市坂本からもアクセスできる。

平安神宮
へいあんじんぐう

京都市左京区岡崎西天王町

1895年、平安遷都1100年を記念して造営された。平安京創始者桓武天皇と孝明天皇を祀る。京都三大祭の一つ、時代祭で知られる。JR京都駅よりバスで岡崎公園美術館・平安神宮前下車。京阪線神宮丸太駅より徒歩、または地下鉄東山駅より徒歩。

貴船神社
きふねじんじゃ

京都市左京区鞍馬貴船町

創建年代は不詳。白鳳時代に最も古い社殿造り替えの記録がある。賀茂川の上流に鎮座し、水の神高龗神を祀り、治水関係者をはじめ農業・醸造業などの水に関わる人々から信仰を集めている。叡山電鉄貴船口駅より徒歩30分。

伏見稲荷大社
ふしみいなりたいしゃ

京都市伏見区深草

奈良時代初期に霊峰稲荷山西麓に鎮座した稲荷信仰の総本宮。宇迦之御魂大神をはじめ5柱を祀る。商売繁盛・家内安全・芸能上達などの守護神として古くから知られる。朱の鳥居を建てて祈願を表す信仰が盛んで「千本鳥居」が有名。稲荷山全体で鳥居の数は数千に及ぶ。JR稲荷駅より徒

歩3分。京阪伏見稲荷駅より徒歩5分。

泉涌寺
<ruby>泉<rt>せん</rt></ruby><ruby>涌<rt>にゅう</rt></ruby><ruby>寺<rt>じ</rt></ruby>

　京都市東山区泉涌寺山内町

　皇室の菩提寺として「<ruby>御寺<rt>み てら</rt></ruby>」と呼ばれている。草創の詳細は明らかではない。平安時代初期に草創された前身寺院が荒廃していたのを、鎌倉時代に再興されたものと思われる。楊貴妃観音と通称される聖観音菩薩をはじめ、建築にも中国・宋風が色濃い。

　真言宗泉涌寺派の総本山。本尊は釈迦如来、阿弥陀如来、弥勒如来の三世仏。JR京都駅よりバスで泉涌寺道下車。

醍醐寺
<ruby>醍<rt>だい</rt></ruby><ruby>醐<rt>ご</rt></ruby><ruby>寺<rt>じ</rt></ruby>

　京都市伏見区醍醐東大路町

　豊臣秀吉の「醍醐の花見」で名高い。創建は平安前期とされ、のちに醍醐天皇の深い帰依によって栄えた。醍醐山上を<ruby>上<rt>かみ</rt></ruby>醍醐、山麓を<ruby>下<rt>しも</rt></ruby>醍醐として山全体を境内とする。「古都京都の文化財」として世界遺産に登録されている。真言宗醍醐派の総本山。本尊は薬師如来。JR山科駅よりバスで醍醐三宝院下車。

【関西編】

金剛峯寺
<ruby>金<rt>こん</rt></ruby><ruby>剛<rt>ごう</rt></ruby><ruby>峯<rt>ぶ</rt></ruby><ruby>寺<rt>じ</rt></ruby>

　和歌山県伊都郡高野町高野山

　平安時代前期、空海が真言密教の根本道場として山上に創建した。現在、金剛峯寺は一つの寺院の名称で高野山真言宗の総本山である。元来、高野山と金剛峯寺は同義であった。高野山には壇上伽藍と奥之院の二大聖地があり、特に奥之院は大師信仰の中心地である。2004年、高野山は「紀伊山地の霊場と参詣道」として世界遺産に登録された。南海電鉄極楽橋駅よりケーブルで高野山駅下車、バスに乗り継ぐ。

観心寺
<ruby>観<rt>かん</rt></ruby><ruby>心<rt>しん</rt></ruby><ruby>寺<rt>じ</rt></ruby>

　大阪府河内長野市寺元

飛鳥時代、役行者が開創したとされる。平安前期、空海が訪れ、北斗七星を勧請、観心寺と改めた。星塚を一巡すると、厄除けになるという。高野山真言宗。本尊は如意輪観音菩薩。南海・近鉄河内長野駅よりバスで観心寺下車。

慈尊院

和歌山県伊都郡九度山町

平安時代前期、空海が高野山を開創した際、表玄関として伽藍を創建し、高野山の庶務を司る寺務所を置いたのが始まりとされる。空海の母が祀られている寺で、かつて高野山が女人禁制だった頃、「女人高野」とも呼ばれ、今でも女性にご利益がある寺として人気が高い。子宝、安産、育児、病気平癒を祈願して奉納する「おっぱい絵馬」は全国的にも珍しい。本堂の弥勒堂は「紀伊山地の霊場と参詣道」の一部として世界遺産に登録されている。高野山真言宗。本尊は弥勒菩薩。南海電鉄九度山駅より徒歩20分。

【鎌倉 I 編】

円覚寺

神奈川県鎌倉市山ノ内

鎌倉時代中期、鎌倉幕府8代執権北条時宗が元寇の戦没者追悼を名目に中国僧無学祖元を開山とし禅宗寺院として創建した。臨済宗円覚寺派大本山。鎌倉五山第二位。本尊は宝冠釈迦如来。夏目漱石が坐禅の修行をしたことで知られる。JR横須賀線北鎌倉駅より徒歩1分。

浄智寺

神奈川県鎌倉市山ノ内

鎌倉時代中期、鎌倉幕府10代執権北条師時が北条宗政の菩提を弔うため中国僧兀庵普寧他を開山とし禅宗寺院として創建。臨済宗円覚寺派。鎌倉五山第四位。本尊は阿弥陀如来・釈迦如来・弥勒如来の三世仏。JR横須賀線北鎌倉駅より徒歩8分。

円応寺
<ruby>円応寺<rt>えんのうじ</rt></ruby>

神奈川県鎌倉市山ノ内

鎌倉時代中期創建、開山は未詳。死者が冥界で十人の王に生前の罪業を裁かれるという、鎌倉時代に流行った十王思想に基づいて十王を祀るため、「閻魔堂」「十王堂」とも呼ばれる。現在、臨済宗建長寺派。本尊は閻魔王。JR横須賀線北鎌倉駅より徒歩20分。

建長寺
<ruby>建長寺<rt>けんちょうじ</rt></ruby>

神奈川県鎌倉市山ノ内

鎌倉時代中期、鎌倉幕府5代執権北条時頼が中国僧蘭渓道隆を開山とし日本初の禅宗寺院として創建。伽藍は中国宋代の禅宗様式が取り入れられ、総門、三門、仏殿、法堂が一直線に並んでいる。臨済宗建長寺派総本山。鎌倉五山第一位。本尊は地蔵菩薩。JR横須賀線北鎌倉駅より徒歩20分。

浄光明寺
<ruby>浄光明寺<rt>じょうこうみょうじ</rt></ruby>

神奈川県鎌倉市扇ガ谷

鎌倉時代中期、鎌倉幕府6代執権北条長時が真阿上人を開山として創建。北条氏や足利氏とゆかりが深く、足利尊氏は後醍醐天皇に対し挙兵する直前、籠っていたと伝わる。真言宗泉涌寺派。本尊は阿弥陀如来。JR横須賀線鎌倉駅より徒歩15分。

寿福寺
<ruby>寿福寺<rt>じゅふくじ</rt></ruby>

神奈川県鎌倉市扇ガ谷

鎌倉時代前期、源頼朝の死後、北条政子が栄西上人を開山として創建した。裏山には鎌倉特有のやぐら（墓）が見られ、北条政子のやぐらも現存する。臨済宗建長寺派。鎌倉五山第三位。本尊は釈迦如来。JR横須賀線鎌倉駅より徒歩10分。

光明寺
<ruby>光明寺<rt>こうみょうじ</rt></ruby>

神奈川県鎌倉市材木座

鎌倉時代前期、鎌倉幕府4代執権北条経時が浄土宗第三祖良忠上人を

開山として創建した蓮華寺を、現在地に移築し光明寺と改称したとされるが、詳細は不明。枯山水の石庭で知られ、夏に古代蓮が池一面に咲き誇る。浄土宗大本山。本尊は阿弥陀如来。JR横須賀線鎌倉駅よりバスで光明寺下車。

長谷寺

神奈川県鎌倉市長谷

創建は奈良時代とされるが、正確な時期や経緯については未詳。鎌倉時代の史料により、当時すでに一山の威容が備わっていたと思われる。「長谷観音」の名でも知られる。浄土宗。本尊は木造では日本最大級を誇る十一面観音菩薩。江ノ島電鉄長谷駅より徒歩5分。

高徳院

神奈川県鎌倉市長谷

創建と開山については不詳。浄土宗。本尊は「鎌倉大仏」で知られる阿弥陀如来。造立は鎌倉中期とされる。大仏殿は室町時代に津波で倒壊、以後再建されることはなく大仏は露座のまま。江ノ島電鉄長谷駅より徒歩10分。

成就院

神奈川県鎌倉市極楽寺

鎌倉時代前期、空海が護摩を焚いたと伝わる地に鎌倉幕府3代執権北条泰時が創建した。真言宗大覚寺派。本尊は不動明王。本堂は拝観不可。江ノ島電鉄極楽寺駅より徒歩8分。

田谷の洞窟

神奈川県横浜市栄区田谷町

正式には「田谷山瑜伽堂」といわれる。鎌倉時代前期開創と伝わる修禅道場。洞内には、本尊弘法大師をはじめ四国・西国・坂東・秩父各札所本尊、両界曼荼羅諸尊など、行者によって壁面に刻まれている。室町後期、ここに定泉寺が建立される。定泉寺は真言宗大覚寺派。本尊は阿弥陀如来。JR大船駅西口よりバスで洞窟前下車。

明王院
<small>みょうおういん</small>

神奈川県鎌倉市十二所

鎌倉時代中期、鎌倉幕府4代将軍藤原頼経創建。鎌倉幕府の将軍によって建立された、鎌倉市内に現存する唯一の寺院。真言宗泉涌寺派。本尊は五大明王。JR鎌倉駅よりバスで泉水橋下車。

浄妙寺
<small>じょうみょうじ</small>

神奈川県鎌倉市浄明寺

鎌倉時代前期、源頼朝の忠臣足利義兼創建。初めは真言宗であったが、鎌倉中期、建長寺開山蘭渓道隆の弟子が住職となって禅宗に改めた。臨済宗建長寺派。鎌倉五山第五位。本尊は釈迦如来。JR鎌倉駅よりバスで浄明寺下車。

杉本寺
<small>すぎもとでら</small>

神奈川県鎌倉市二階堂

奈良時代、行基が建立したと伝わる。鎌倉最古の寺とされ、参道の苔生した石段は歴史を感じる。観音堂には行基、円仁、源信が彫った秘仏十一面観音菩薩が3体祀られている。天台宗。本尊は十一面観音菩薩。JR鎌倉駅よりバスで杉本観音下車。

来迎寺
<small>らいこうじ</small>

神奈川県鎌倉市西御門

鎌倉時代中期、一向上人が創建したと伝わる。本堂には阿弥陀如来、地蔵菩薩、如意輪観音を祀る。時宗。本尊は阿弥陀如来。拝観は要予約。JR鎌倉駅より徒歩20分。

鶴岡八幡宮
<small>つるがおかはちまんぐう</small>

神奈川県鎌倉市雪ノ下

平安時代後期、源頼義が京都石清水八幡宮を勧請したのが始まりで、源頼朝が現在の地に移転した。以来、鎌倉幕府はこの八幡宮を中心に発展した。江戸時代後期、本宮は火災で焼失するが、11代将軍徳川家斉によって再建された。本宮の他に、段葛、源平池、舞殿、大銀杏、流鏑馬馬場な

ど見どころは多い。JR鎌倉駅より徒歩15分。

史跡永福寺跡

神奈川県鎌倉市二階堂

鎌倉時代初期、源頼朝が源義経や藤原泰衡をはじめ奥州合戦の戦没者の慰霊のため、中尊寺の二階大堂、大長寿院を模して建立した。室町時代、火災によって廃絶。現在、鎌倉市が復元整備して史跡公園として公開している。JR鎌倉駅よりバスで鎌倉宮（大塔宮）下車、徒歩５分。

瑞泉寺

神奈川県鎌倉市二階堂

鎌倉時代後期、禅僧夢窓国師を開山として創建された。梅や桜、水仙など四季折々の花が境内を彩り、「花の寺」と呼ばれる。臨済宗円覚寺派。本尊は釈迦如来。JR鎌倉駅よりバスで鎌倉宮（大塔宮）下車、徒歩15分。

覚園寺

神奈川県鎌倉市二階堂

鎌倉時代前期、鎌倉幕府２代執権北条義時が建立した薬師堂が起源で、９代執権北条貞時が寺院として創建した。執権北条家歴代の尊崇を集めた。自然環境が良好に保全され、古き鎌倉の面影を残す寺院の一つといわれる。真言宗泉涌寺派。本尊は薬師三尊。JR鎌倉駅よりバスで鎌倉宮（大塔宮）下車、徒歩10分。

補陀落寺

神奈川県鎌倉市材木座

平安時代末期、源頼朝が祈願所として文覚上人を開山とし創建した。もとは京都仁和寺の末寺で、現在は京都大覚寺の末寺である。真言宗大覚寺派。本尊は十一面観音菩薩。JR鎌倉駅よりバスで材木座下車。

英勝寺

神奈川県鎌倉市扇ガ谷

江戸時代初期、徳川家康の側室英勝院尼が、父祖の太田道灌邸跡地とさ

れるこの地を３代将軍徳川家光より賜り、菩提所として創建した。現在、鎌倉唯一の尼寺である。浄土宗。本尊は阿弥陀三尊。JR鎌倉駅より徒歩15分。

【番外編】

浄楽寺

神奈川県横須賀市芦名

創建年代や経緯については不詳。鎌倉時代初期、和田義盛を願主として運慶により制作された仏像５体を有する。いずれも国指定重要文化財。境内には近代郵便制度の父と呼ばれた前島密の墓所がある。浄土宗。本尊は阿弥陀如来。JR逗子駅、または京浜急行新逗子駅よりバスで浄楽寺下車。

願成就院

静岡県伊豆の国市寺家

鎌倉時代初期、鎌倉幕府初代執権北条時政が北条氏の氏寺として創建。運慶作の仏像５体を有する。いずれも国宝。北条時政の子義時、孫泰時の代にかけて次々に拡大され、かつては壮大な伽藍を誇ったといわれる。高野山真言宗。本尊は阿弥陀如来。伊豆箱根鉄道韮山駅または伊豆長岡駅より徒歩15分。

あとがき

　2015年に「みちのくの仏像」展、2016年に「櫟野寺の大観音とみほとけたち」展、2017年は「運慶」展、2018年は「仁和寺と御室派のみほとけ」展、そして2019年は「国宝東寺」展と、新型コロナ感染拡大の前は東京国立博物館の特別展に毎年のように足を運んでいました。展覧会でも多くの仏像を鑑賞してきましたが、お寺にはお寺の、展覧会には展覧会の良さがあると思います。

　『仏像の事典』（熊田由美子監修，成美堂出版，2006年）に「寺院・展覧会での鑑賞のポイント」が載っています。それによれば寺院では〈信仰の対象として祀られた状態で鑑賞できる〉〈寺院のたたずまいやお堂の雰囲気が味わえる〉〈読経の音や線香の香りなど五感で鑑賞できる〉などとあります。
　「蔵王権現の足元に正座する。隣では護摩供養が始まった。護摩を焚く炎が燃え上がり、僧侶の読経と太鼓の音が堂内に鳴り響く。蔵王権現を仰ぎ見る私の胸はいやおうなしに高鳴り、目には涙が溢れてくる」
　これは私が奈良金峯山寺の蔵王権現と対面した時のことです。同じ蔵王権現が展覧会で展示されていても、こう感じ入ることはできなかったでしょう。

　展覧会では〈比較的明るい照明のもとで鑑賞できる〉〈間近で鑑賞できる〉〈像の背面や台座裏などが鑑賞できることがある〉などとあります。東京国立博物館の「運慶」展を見て、私はこう記しています。
　「会場入口正面に、若き運慶の処女作といわれる大日如来が坐す。奈良円成寺で拝見した時はガラスが息で曇るほど顔を近づけ食い入るように見た。しかし今回は遮るガラスはなく、正面から横から後ろからとじっくり拝見した」
　展覧会は照明などが工夫され、仏像を美術品に徹して展示されています。「運慶」展に横須賀浄楽寺の運慶仏５体も展示されていましたが、「印象がまったく異なる。朱色の背景に金箔が映え、照明の効果もあってか、別

の仏像に見える」と私は感想を残しています。

　昨年、大河ドラマ『鎌倉殿の13人』が大変話題になりました。私の目が画面に引きつけられる場面が何度もありました。最終回は感動しました。主人公北条義時（小栗旬）の死を脚本家の三谷幸喜がどう描くか、とても楽しみにしていました。『吾妻鏡』には「病死」となっている一方、「毒殺説」もありました。三谷幸喜はこの説を採りました。

　毒に蝕まれた義時の前で、姉の北条政子（小池栄子）が毒を癒す薬をわざとこぼしてしまう、義時の衝撃的な最期に、姉の弟への慈愛に、心揺さぶられたのは私だけではないでしょう。

　ドラマに仏への信仰心が描かれていることにも、私には興味深いものがありました。源頼朝の永福寺にしろ、初代執権北条時政の願成就院にしろ、覚園寺の前身となった義時の薬師堂にしろ、政子の高野山金剛三昧院にしろ、菩提を弔うため、怨霊を鎮めるために寺院を建立し、仏像を造立しました。ドラマでは、これらの寺院が紹介されていました。

　もう一つ、どうしても『鎌倉殿』で触れておきたいことがあります。それは義時と運慶のことです。

　仏師運慶（相島一之）は義時（小四郎）にこう言ったことがあります。「小四郎、おまえ、悪い顔になったな。だが、まだ救いはある。己の生き方に迷いがある。その迷いが救いなのさ。… ああ、いつか、おまえのために仏を彫ってやりたいな。うん、いい仏ができそうだ」*

　ところが最終回では、運慶は「小四郎、今のおまえには迷いも何もない。悪い顔だ」*と言い、義時のために彫ったという仏を見せます。私はその邪悪な彫刻に唖然とし言葉を失いました。頼朝の死後、鎌倉幕府を守るため多くの御家人を殺し、鎌倉殿源頼家（金子大地）さえも暗殺した義時にとって、運慶が彫る仏は救いだったのではないでしょうか。義時は運慶に対して怒りを露わにしますが、心の中は悲しみに溢れていたように、私は感じました。

　＊NHK大河ドラマ『鎌倉殿の13人』より引用

　私は傘寿を迎えるまでに実現したいことがあります。それは「東北仏像

の旅」です。東北の寺は中尊寺以外、今まで縁がありませんでした。中尊寺は、東日本大震災のちょうど１年後、被災地南三陸町を訪れた際に立ち寄ったものです。震災からの復興がままならぬ東北をなぜか遠く感じていました。

　震災から４年後、東京国立博物館で「みちのくの仏像」展が開催されました。主催者は「あいさつ」の中でこう記しています。

　〈私たちが東北の仏像に心を揺さぶられるのは、力強く、それでいて優しい表情に、そこに住む人たちの気質を感じとるからかもしれません。みちのくの仏像を紹介する本展覧会が、東北の魅力を改めて知っていただく機会となり、復興支援の一助となることを心から願います〉

　この展覧会を見学して、私は東北には魅力的な寺、仏像が多くあることを知りました。また、円空の彫った仏像に心惹かれました。

　ここに「東北仏像の旅」のラフプランを示します。東北三大薬師如来を巡ることに絞りました。福島の勝常寺（薬師如来）から宮城の双林寺（薬師如来）へ、そして岩手の黒石寺（薬師如来）と成島毘沙門堂（兜跋毘沙門天）へ。円空仏に再会するなら、秋田の龍泉寺（十一面観音）、青森の西福寺（地蔵菩薩）と常楽寺（釈迦如来）へさらに足を延ばさなければなりません。

　円空は諸国を巡り、説法ではなく、仏像を彫ることで人々を救いました。この東北の円空仏は、鉈彫として知られる後期の大胆な表現とは異なりますが、柔和な笑みを浮かべた表情は生涯を通じて変わらないといいます。

　最後になりますが、読者の皆さんに少しでも古寺巡りの楽しさが増していただければ、私にとってこんな嬉しいことはありません。そして、素敵な仏さまに出会えることを願っています。

　　　　2023年初秋

　　　　　　　　　　　　　　　　　　　　　　　　　　菅原信夫

〈著者紹介〉

菅原信夫（すがはら のぶお）

1952 年、神奈川県川崎市生まれ。長年、中学校数学科教員を務め、修学旅行の引率で京都や奈良に幾度となく訪れるが、定年退職してから仏教や仏像に関心が高まり、各地の寺社・仏像巡りがマイブームになる。また、神奈川県の山岳会に所属し、高齢の今は、もっぱらロッククライミングに興じている。他に渓流釣り、水彩画を趣味とする。現在、神奈川県伊勢原市在住。著書に『丹沢 山紀行』『続 丹沢 山紀行』『続続 丹沢 山紀行』（いずれも白山書房）がある。

古寺を訪ねて
仏像に魅せられて

2023年10月18日　第1刷発行

著　者　　菅原信夫
発行人　　久保田貴幸

発行元　　株式会社 幻冬舎メディアコンサルティング
　　　　　〒151-0051　東京都渋谷区千駄ヶ谷4-9-7
　　　　　電話　03-5411-6440（編集）

発売元　　株式会社 幻冬舎
　　　　　〒151-0051　東京都渋谷区千駄ヶ谷4-9-7
　　　　　電話　03-5411-6222（営業）

印刷・製本　中央精版印刷株式会社
装　丁　　弓田和則

検印廃止
©NOBUO SUGAHARA, GENTOSHA MEDIA CONSULTING 2023
Printed in Japan
ISBN 978-4-344-94572-2 C0015
幻冬舎メディアコンサルティングＨＰ
https://www.gentosha-mc.com/